Neue
Kleine Bibliothek 59

Gerd Wiegel/Johannes Klotz
(Hg.)

Geistige Brandstiftung?

Die Walser-Bubis Debatte

Mit Beiträgen von:
Johannes Klotz, Kai Köhler,
Lea Rosh, Gerd Wiegel

PapyRossa Verlag

Umschlag: Ruth Spätling, Köln
Herstellung: Interpress

Die Deutsche Bibliothek – CIP-Einheitsaufnahme

Geistige Brandstiftung? : die Walser-Bubis-Debatte / Johannes Klotz/Gerd Wiegel (Hg.). Beitr. von Johannes Klotz ... - Köln : PapyRossa-Verl., 1999

(Neue Kleine Bibliothek ; 59)

ISBN 3-89438-179-5

Inhalt

Vorwort: Warum es »geistige Brandstiftung« war

Die »Sonntagsrede« Martin Walsers, aus Anlaß der Verleihung des Friedenspreises des deutschen Buchhandels am 11. Oktober 1998, löste einen heftigen Streit über zwei Hauptfragen der deutschen Gegenwart aus: Welche Stellung hat der Nationalsozialismus mit allen seinen Verbrechen in der deutschen Geschichte und welche Stellung soll diese Vergangenheit im Bewußtsein der Deutschen heute und in Zukunft einnehmen?

Darüber hinaus verband sich mit dem Streit die Frage nach einer neuen Sprache der Erinnerung, um »die Vorstellung vom Nazismus als Manifestation des 'radikalen Bösen' in der Geschichte«[1] und damit seine Einzigartigkeit – mit 'Auschwitz' als zentraler Metapher – im Gedächtnis zu bewahren.

Hintergrund all dieser Punkte ist die Frage nach dem Stellenwert der Geschichte überhaupt, nach ihrer Bedeutung für Gegenwart und Zukunft.

Die Kontroverse über die Rede Walsers wurde lange Zeit ohne den »Sonntagsredner« geführt. Sie begann mit der Reaktion von Ignatz Bubis, dem Vorsitzenden des Zentralrats der Juden in Deutschland, der Walsers Rede als »geistige Brandstiftung« bezeichnete und sie mit den geschichtsrevisionistischen Äußerungen der extremen Rechten verglich.

Bubis faßte seine Kritik an Walser in seiner Gedenkrede an die Pogromnacht vom 9. November 1938 in Nazi-Deutschland noch einmal zusammen: »*Die Gesellschaft ist gefordert: Es kann*

1 Gebt der Erinnerung Namen. Saul Friedländers Dankrede beim Empfang des Geschwister-Scholl-Preises in München am 23. November 1998, in: Blätter für deutsche und internationale Politik. Heft 1/99, S. 122.

nicht sein, daß die Bekämpfung des Rassismus und Antisemitismus sowie der Fremdenfeindlichkeit den Juden überlassen wird, während ein Teil der Gesellschaft sich dadurch eher belästigt fühlt.«

Angesprochen wurde damit genau jener Riß in der deutschen Erinnerungskultur, der durch Walsers Rede und die anschließende Debatte offenbar wurde. Die Erinnerung an die NS-Vergangenheit wird von zunehmenden Teilen der Bevölkerung als störende Last empfunden, und der damit erzeugte Gegenreflex richtet sich vor allem gegen die Opfer und ihre Nachkommen, die nur noch als Personifizierung eines abzuwehrenden Schuldvorwurfs wahrgenommen werden.

Bubis kritisiert also jenen Teil der Deutschen, der mit Walser wegschauen, sein Gewissen befreien und einen Schlußstrich unter die deutsche Vergangenheit ziehen will. Dieses Bedürfnis nach Relativierung der NS-Vergangenheit zieht sich durch die gesamte Geschichte der Bundesrepublik, und auch Bubis verweist hierauf: *»In der Nachkriegszeit gab es einige Versuche, die überwiegend, aber nicht nur, aus rechtsradikalen Kreisen kamen, die Geschichte zu verändern. Es gab Bestrebungen, 'Auschwitz', das ich hier als Synonym für die Vernichtung von Juden, Sinti und Roma, Homosexuellen, politisch oder religiös Verfolgten benutze, zu verharmlosen oder gar zu leugnen.«*[2]

Diese Versuche der Relativierung und Historisierung des Nationalsozialismus, der Legendenbildungen und Mystifizierungen entwickelten sich zu einer starken geschichtspolitischen Strömung deutscher Vergangenheitsbewältigung und Identität, die im Historikerstreit 1986 ihren bis dahin größten Durchbruch

---

2 Beide Zitate: Ignatz Bubis' Rede bei der Berliner Gedenkfeier zum 9. November (Auszüge), in: »Blätter« 1/99, S 119 f.

erlebte. Relativierung und Verdrängung der Vergangenheit fanden nun nicht mehr nur am rechten Rand der Gesellschaft statt, sondern kamen aus der Mitte des politischen Raums, vorgetragen von konservativen Historikern und unterstützt von einer konservativen Regierung, die die Nation wieder ins Zentrum des kollektiven Bewußtseins stellen wollte.

Den neuesten Versuch, »Geschichte zu verdrängen beziehungsweise, die Erinnerung auszulöschen«[3], hat Martin Walser unternommen. Eine der zentralen Passagen seiner Rede lautet folgendermaßen: »*Jeder kennt unsere geschichtliche Last, die unvergängliche Schande, kein Tag, an dem sie uns nicht vorgehalten wird. Könnte es sein, daß die Intellektuellen, die sie uns vorhalten, dadurch, daß sie uns die Schande vorhalten, eine Sekunde lang der Illusion verfallen, sie hätten sich, weil sie wieder im grausamen Erinnerungsdienst gearbeitet haben, ein wenig entschuldigt, seien für einen Augenblick sogar näher bei den Opfern als bei den Tätern?*«[4] Deutlich wird hier die Entgegensetzung zwischen denen, die die Erinnerung öffentlich kommunizieren und damit zur 'Vorhaltung' der »Schande« beitragen, und jenen, die still in dieser »Schande« leben. Letztere sind es, mit denen Walser sich identifiziert und die über die Gemeinsamkeit der »Schande« zum nationalen Kollektiv zusammengefaßt werden. Die Schuld-Konstruktion Walsers zielt somit auf die nationale Identität der Deutschen. Auch Walser leidet an dem selbstkonstruierten, der Entlastung dienenden Schuld-Komplex, der es erlaubt, sich selbst als Opfer eben jener Intellektuellen darzustellen, welche die Schande in der deutschen Geschichte zu ih-

---

3 Ebd., S. 120.

4 Martin Walsers Dankrede beim Empfang des Friedenspreises des Deutschen Buchhandels in der Frankfurter Paulskirche am 11. Oktober 1998 (Auszüge), in: »Blätter« 1/99, S. 119.

ren Zwecken instrumentalisierten: *»Kein Mensch leugnet Auschwitz, kein noch zurechnungsfähiger Mensch deutelt an der Grauenhaftigkeit von Auschwitz herum; wenn mir aber jeden Tag in den Medien diese Vergangenheit vorgehalten wird, merke ich, daß sich in mir etwas gegen diese Dauerpräsentation unserer Schande wehrt. Anstatt dankbar zu sein für die unaufhörliche Präsentation unserer Schande, fange ich an wegzuschauen. Ich möchte verstehen, warum in diesem Jahrzehnt die Vergangenheit präsentiert wird wie noch nie zuvor. Wenn ich merke, daß sich in mir etwas dagegen wehrt, versuche ich, die Vorhaltung unserer Schande auf Motive hin abzuhören, und bin fast froh, wenn ich glaube, entdecken zu können, daß öfter nicht mehr das Gedenken, das Nichtvergessendürfen das Motiv ist, sondern die Instrumentalisierung unserer Schande zu gegenwärtigen Zwecken.«*

Die Konstruktion des Instrumentalisierungs-Vorwurfs dient Walser auch dazu, das umstrittene Holocaust-Denkmal, über das seit zehn Jahren debattiert wird und das an zentraler Stelle in Berlin errichtet werden soll, als »Monumentalisierung unserer Schande« zu brandmarken: *»Auschwitz eignet sich nicht dafür, Drohroutine zu werden, jederzeit einsetzbares Einschüchterungsmittel oder Moralkeule oder auch nur Pflichtübung. Was durch solche Ritualisierung zustande kommt, ist von der Qualität Lippengebet. Aber in welchen Verdacht gerät man, wenn man sagt, die Deutschen seien jetzt ein normales Volk, eine gewöhnliche Gesellschaft?*

In der Diskussion um das Holocaustdenkmal in Berlin kann die Nachwelt einmal nachlesen, was Leute anrichteten, die sich für das Gewissen von anderen verantwortlich fühlten. Die Betonierung des Zentrums der Hauptstadt mit einem fußballfeldgroßen Alptraum. Die Monumentalisierung der Schande.«[5]

5 Ebd.

Die behauptete und beschworene Normalität ist es für Walser, der die öffentliche Erinnerung – symbolisiert durch ein Mahnmal – entgegensteht. Erinnerung wird verwiesen auf den abgegrenzten Raum des persönlichen Gewissens. Die Konsequenz hieraus ist die von konservativen Geschichtspolitikern schon immer geforderte Befreiung der deutschen Gegenwart von den Lasten der Vergangenheit. Die 'normale' Nation kann so ihre Interessen ohne die öffentliche und hemmende Rückschau verfolgen. Die zunehmende Militarisierung der Außenpolitik beispielsweise wird damit zu einem Beweis dieser Normalität.

Die von Bubis behauptete »geistige Brandstiftung« durch Walser liegt unseres Erachtens darin, daß Walser als einer der führenden Schriftsteller der Bundesrepublik und als »Mann des Wortes« Behauptungen, Begriffe und Anschauungen verwendet, die im Spektrum der Neofaschisten und Rechtsextremisten, der nationalen und neuen Rechten sowie bei den Konservativen beheimatet sind. Mit der Position des angesehenen und respektierten deutschen Schriftstellers ermöglicht Walser eine Lesart dieser Anschauungen, die es dem »normalen Deutschen« und »guten Bürger« erlauben, sich hinter Sprache und Ästhetik der Rede zu verstecken, um damit gefahrlos deren Inhalt und geschichtspolitischen Schlußstrich-Passagen zu übernehmen. Positionen und Ansichten werden so in der Öffentlichkeit akzeptabel, die bisher nur in den Gazetten der neuen und extremen Rechten Verbreitung fanden. Es ist schon frappierend, wie weit sich Walser der Sprache und der Inhalte der sogenannten Neuen Rechten annimmt, deren geschichtspolitisches Ziel eben in der Einebnung der nationalsozialistischen Vergangenheit besteht. »Faschismuskeule« und »Gesinnungsterror« sind hier die Schlagwörter, die sich hinter Walsers »Moralkeule« und seinen »Meinungssoldaten« gut wiedererkennen lassen. Der sprachlichen Übereinstimmung entspricht die inhaltliche Zielstellung: der von der NS-Vergangenheit befreite Bezug auf die selbstbewußte Nation.[6]

Walsers Rede kann als Katalysator für diese Positionen gesehen werden. Möglich wird dies durch den rechtfertigenden Rückbezug der öffentlichen Rede Walsers auf das individuelle Grundrecht der 'Gewissensfreiheit'. Er erscheint ebenso als eine konstruierte Rhetorik wie alle anderen sprachlichen Schachzüge Walsers, um seinen Willen nach persönlicher Gewissensbefreiung vor der Anforderung zu schützen, die dem öffentlichen Redner – zumal in Gestalt und Bedeutung eines Schriftstellers – politische Verantwortung überträgt. Walser dementiert in der Rede die Rolle des Intellektuellen und nimmt sie im gleichen Atemzug wahr, wenn er sich zum Sprecher der schweigenden Mehrheit stilisiert. »Für die Rechten ist der Intellektuelle immer der Vaterlandsverräter, der zersetzende Aufklärer, der Jud vor allem, der mit zersetzender Intelligenz gesegnet ist.«[7]

Mit dieser Feststellung verweist Walter Jens auf den die Debatte durchziehenden und auch bei Walser anzutreffenden antisemitischen Unterton, der mit der Schelte der Intellektuellen zugleich 'den Juden' meint.

Jens fühlt sich durch Martin Walsers Auftreten an Ernst Jün-

---

6 Vgl. Johannes Klotz/Ulrich Schneider (Hg.): Die selbstbewußte Nation und ihr Geschichtsbild. Geschichtslegenden der Neuen Rechten, Köln 1997.

7 Walter Jens im Forum Kultur: Gründe für ein Mißverständnis. DeutschlandRadio. Mitschnitt vom 18. Dezember 1998. Die eineinhalb-stündige Diskussion, an der Moshe Zuckermann, Walter Jens, Peter Steinbach und Samuel Korn teilnahmen, offenbarte allerdings, daß die Walser-Bubis-Debatte überhaupt nicht auf Mißverständnissen beruhte, sondern die Fronten klar zutage traten, auch wenn es Versuche der Vermittlung und Versöhnung gegeben hat, die von der Sache her scheitern mußten.

gers rabiateste Äußerung erinnert, die jener 1930 von sich gab: »Der Jude stehe im Zeichen der kommenden Revolution vor seiner letzten Entscheidung: Er wird sein oder er wird nicht sein.«[8] Gemeint ist damit die von Walser und anderen vorgenommene Trennung von Deutschen und Juden. Indem die Juden (und die Intellektuellen) den Deutschen ihre Schuld vorhalten, stellen sie sich selbst außerhalb des nationalen Kollektivs, welches bei Walser durch die Gemeinsamkeit der »Schande« gekennzeichnet ist. Im Gespräch mit Bubis machte Walser deutlich, daß er den Juden kein Recht zubilligt, über die Deutschen während der NS-Zeit zu urteilen. Wollen sie zur Nation gehören, dann müssen sie den ihnen unterstellten Gestus der moralischen Überlegenheit ablegen. Als Opfer und deren Nachkommen stehen sie außerhalb derselben.

Was die 'deutschen' Nachbarn mit den 'jüdischen' Nachbarn gemacht haben (Arisierung von Wohnungen, Mobiliar, Kleidung usw.) soll nicht Gegenstand einer Debatte der »neuen Berliner Republik« sein, denn 'man' hat die Folgen der deutschen Vereinigung und die Erweiterung der Europäischen Union zu bewältigen. Warum hat die rot-grüne Bundesregierung diese Kontroverse zwischen Walser und Bubis so auffällig gemieden? Warum hat sie Walsers Wunsch nach »Normalität« nicht zurückgewiesen? Wer den Begriff der Normalität heute verwendet, meint Peter Steinbach, Leiter der Forschungsstelle Widerstandsgeschichte und der Gedenkstätte Deutscher Widerstand in Berlin, »will aus der Geschichte aussteigen und die Zukunft von der Gegenwart aus bestimmen.«[9] Und die Anzeichen für ein Aus-

8 Walter Jens ebd.

9 Peter Steinbach ebd.

klinken aus der Geschichte durch die Repräsentanten der »Republik der Neuen Mitte«[10] mehren sich.[11]

Doch *»diese Vergangenheit ist gegenwärtiger denn je.«*[12] Auf die von Walser aufgeworfene Frage, warum die Vergangenheitspolitik insbesondere in der Bundesrepublik (aber auch in anderen Ländern) in den letzten zehn bis fünfzehn Jahren verstärkt geführt wird, könnte geantwortet werden, daß viele Opfer des Nazi-Regimes nicht entschädigt worden sind (wie Zwangsarbeiter, osteuropäische Juden und Opfer von Vergeltungsmaßnahmen durch Wehrmachtseinheiten, SS und Polizeibataillonen) und daß mit der Öffnung osteuropäischer und sowjetischer/russischer Archive nach 1989 neue Erkenntnisse zutage treten bzw. Ansprüche der Opfer artikuliert werden konnten; andererseits ist die Ausrottung und Vernichtung – der Juden vor allem – *»in der Vorstellungswelt des Westens (und vielleicht sogar darüber hinaus) zum Inbegriff des Bösen geworden, 'Auschwitz' zur zentralen Metapher für das Böse in unserer Zeit. Man könnte es auch so ausdrücken, daß in unserem Jahrhundert des Völkermords und der Massenschlächtereien die Ausrottung des europäischen Judentums und die anderen Verbrechen des Hitler-Regimes von vielen als das absolut Böse wahrgenommen werden, an dem dann alle Grade des Bösen sich messen lassen. ... In den Augen der meisten Menschen*

10 Christian Thomas: Geselliger Umgang. Das Verhalten der SPD während der jüngsten Debatten, in: Frankfurter Rundschau vom 17. Dezember 1998.

11 Vgl. Johannes Klotz (Hg.): Schlimmer als die Nazis? Das Schwarzbuch des Kommunismus, der Geschichtsrevisionismus und die neue Totalitarismusdebatte. Köln 1999, dort den Beitrag von Johannes Klotz und zum Begriff der »Normalität« und den politischen Implikationen die Beiträge von Wolfram Wette und Johannes Klotz in: Johannes Klotz (Hg.): Vorbild Wehrmacht? Köln 1998.

12 Saul Friedländers Dankrede (siehe Anm. 1), in: »Blätter« 1/99, S. 122.

wächst der Grad des Bösen mit dem Ausmaß des Verbrechens, mit der Natur des verbrecherischen Vorsatzes und mit der Abwesenheit von Schuldgefühlen. Man kann unschwer den Beweis führen – es zu tun ist an dieser Stelle unnötig –, daß der Nazismus in bezug auf jedes dieser Kriterien bis an eine äußerste Grenze gegangen ist, die sich nicht mehr überschreiten läßt.«[13] Saul Friedländer sieht in dieser besonderen 'geschichtlichen Stellung' die weitgehende Erklärung für die anhaltende Präsenz der Nazi-Vergangenheit.[14] Doch ist es gerade diese Präsenz in ihrer öffentlichen und verbindlichen Form, gegen die Walser auftritt. Somit wird er zum Kristallisationspunkt für alle jene Normalisierungsrhetoriker, deren wichtigstes Anliegen in der Wiederherstellung einer von der Last der Vergangenheit befreiten nationalen Identität liegt.

Für Friedländer läge die angestrebte Normalität dagegen in einer Anerkennung der »unnormalen« Vergangenheit selbst: *»Wäre es nicht historisch und moralisch verständlich und notwendig, daß eine vollkommen normale Gesellschaft einer vollkommen unnormalen Vergangenheit auf außergewöhnliche Weise gedächte? Warum sollte nicht, anders formuliert, eine vollkommen normale Gesellschaft eingedenk dieser ganz ungewöhnlichen Vergangenheit zunächst und vor allem die Opfer ihrer eigenen Politik betrauern?«*[15]

Nur wer diese ungewöhnliche deutsche Vergangenheit im Gedächtnis bewahrt, die offenen Fragen erforscht und beantwortet und vor allem die Opfer, die den deutschen Faschismus überlebt haben, endlich entschädigt, kann die Erinnerung in emanzipatorischer Absicht auch in der Zukunft aufrecht erhalten und diese verantwortungsvoll gestalten.

---

13 Ebd., S. 123.

14 Vgl. ebd.

15 Ebd.

In den drei Beiträgen des vorliegenden Buches wollen wir einige Facetten der Walser-Debatte näher betrachten. Daß die ausschließliche Fixierung auf Walser die Debatte in ihrer vergangenheitspolitischen Bedeutung zu sehr einschränken würde, soll der Überblick über Verlauf und Themen der Kontroverse verdeutlichen (*Gerd Wiegel*). Antisemitismus, deutsche Normalität, Formen der Erinnerung, aber auch die Rezeption Walsers auf Seiten der extremen Rechten sind die Themen dieses kommentierenden Überblicks. Außerdem schien es uns wichtig, den Ausgangspunkt der Kontroverse, die Paulskirchenrede, eingehender zu analysieren. Nicht nur die häufig zitierten und vergangenheitspolitisch zentralen Passagen der Rede sind von Interesse, sondern Struktur und Aufbau der Rede als ganzes. Erst von hier wird ersichtlich, wie Walser seine Effekte erzeugt und selbst als einer der »Meinungssoldaten« erscheint, gegen die er sich so vehement wendet. Walser verwies in der Rede darauf, daß die wahre Ansicht des Autors sich erst in seinen literarischen Werken offenbare. *Kai Köhler* analysiert somit nicht nur die Rede, sondern folgerichtig auch die wichtigsten literarischen Werke Walsers aus den neunziger Jahren. Die Parallelen die sich hier zur Rede ergeben sind verblüffend, finden sich doch teilweise gleichlautende Formulierungen, die die Haltung Walsers zur öffentlichen Erinnerung an die NS-Vergangenheit nur bestätigen.

Schließlich wurde sehr schnell deutlich, daß die Debatte eng mit der Diskussion um das geplante Holocaust-Mahnmal in Berlin verbunden war und einen nicht unerheblichen Einfluß auf diese Diskussion ausübte. *Lea Rosh* behandelt, vor dem Hintergrund der Walser-Debatte und des schon traditionellen Wegschauens, die Mahnmaldiskussion, die gerade jetzt in ihre entscheidende Phase tritt.

Johannes Klotz/Gerd Wiegel

Gerd Wiegel

Eine Rede und ihre Folgen

Die Debatte zur Walser-Rede

Die durch die Friedenspreisrede Martin Walsers ausgelöste Debatte erinnert in ihrer Heftigkeit und großen Publizität an den Historikerstreit aus der Mitte der achtziger Jahre, und auch das Thema, der Holocaust, ist das gleiche geblieben. Dennoch unterscheidet sich die jüngere der beiden Debatten durch die persönliche Ebene, den personalisierten Zugang zum Thema, wohingegen im Historikerstreit auf theoretisch-historischer Grundlage eine Neubewertung der Vergangenheit angestrebt wurde. Trotz dieser, nicht unerheblichen Unterschiede, lassen sich die geschichtspolitischen Implikationen beider Debatten miteinander vergleichen, ja sie stehen geradezu in einer Linie, kreisend um die historische Last der nationalen Identität, gekennzeichnet durch den Namen Auschwitz. Sowohl im Historikerstreit als auch in der Walser-Debatte zeigen sich die Versuche, die mit Auschwitz verbundenen Erinnerungen an die Verbrechen des deutschen Faschismus zu relativieren, und sie zugunsten eines neuen nationalen Projekts in den Hintergrund zu drängen. In diesem Sinne könnte sich die Walser-Debatte als noch folgenreicher als der Historikerstreit erweisen, denn Walser behauptet – wie zu befürchten ist nicht zu unrecht – er spreche für die schweigende Mehrheit der Deutschen. Er popularisiert damit einen Diskurs, der in der Bundesrepublik seit den achtziger Jahren verstärkt geführt wird, und in dessen Mittelpunkt die von der NS-Vergangenheit befreite »selbstbewußte Nation« steht[1].

1 Vgl. zu diesen Tendenzen generell: Johannes Klotz/Ulrich Schneider (Hg.), Die selbstbewußte Nation und ihr Geschichtsbild. Geschichtslegenden der Neuen Rechten, Köln 1997.

Der unterschiedliche Zugang beider Debatten zum Vergangenheitsthema – hier die Frage nach persönlicher Schuld, Scham, Schande, dort die theoretische Ableitung des Faschismus aus dem Bolschewismus – drückt auch eine generelle Verschiebung der historischen Perspektive in den letzten Jahren aus, wenngleich der Unterschied zwischen Historiker (Nolte) und Schriftsteller (Walser) hier wichtiger sein mag. Sowohl die Goldhagen-Kontroverse als auch die Diskussionen um die Wehrmachtsausstellung haben den individuellen Zugang, bezeichnet als »täternahe Forschung«, in der Vergangenheitsdebatte etabliert. Bei Walser ist es nun die Frage nach dem individuellen Umgang der heutigen Deutschen mit der Vergangenheit. Doch läßt sich seiner Rede, trotz gegenteiliger Beteuerungen, entnehmen, daß es ihm eben nicht nur um seinen persönlichen Umgang mit der Vergangenheit ging, sondern dieser als kollektive Form der Gewissensbefreiung anempfohlen wurde. Die große öffentliche Zustimmung zu Walsers Thesen, vor allem in den Leserbriefspalten der großen Tageszeitungen und in den von Walser immer wieder angeführten über tausend Briefen an ihn, ist insofern verwunderlich, denkt man an die öffentlichen Reaktionen anläßlich der Goldhagen-Kontroverse zurück. Auch dieser erfuhr, entgegen der veröffentlichten Meinung, große Zustimmung, und die öffentlichen Debatten mit ihm wurden zu seinem großen Triumph. Zurecht fragt Saul Friedländer: »*Ist es nicht merkwürdig, daß ein Publikum, das vor zwei Jahren Daniel Goldhagen zugejubelt hat, jetzt Walser applaudiert? Es geht hier um diametral entgegengesetzte Positionen. Ist das ein Zeichen einer generationellen Spaltung oder einer anhaltenden Verwirrung?*«[2] Hoffen läßt

2 Saul Friedländer: Die Metapher des Bösen. Über Martin Walsers Friedenspreis-Rede und die Aufgabe der Erinnerung, in: Die Zeit Nr. 49 vom 26.11.98. Vielleicht sind die Unterschiede zwischen Walser und Goldhagen doch nicht so diametral, wie von Friedländer behauptet:

sich die erste Vermutung Friedländers, von der Hand weisen jedoch die zweite nicht. Christian Meiers Beitrag zur Debatte favorisiert anscheinend eher die These der Verwirrung, wenn er von einem »*Pendelschlag gegen gewisse Übertreibungen der letzten Jahre*«[3] spricht. Walsers Aussagen und die ihm zustimmenden Reaktionen seien quasi die natürliche Antwort auf Goldhagens Zuspitzungen: »*Es ist normal, daß sich das zurückbildet. Und es ist nicht verwunderlich, daß sich jemand einmal öffentlich mancher Zumutung, die er erfahren hat, erwehrt. Wenn er dabei übertrieben hat, so hat er zugleich mancher Übertreibung entgegengewirkt.*«[4] Leider wird auch bei Meier nicht deutlich, welche Zumutungen hier gemeint sind: gegen Walser persönlich gerichtete oder gegen die Deutschen gerichtete. Wie dem auch sei, klar ist, die Debatte um Martin Walsers Rede steht nicht unverbunden zur allgemeinen Geschichtsdebatte, sie kann nicht als persönliche, individuelle Stellungnahme gelesen werden, womit man Walser, die Institution der öffentlichen Rede und den Ort der Paulskirche sicherlich unterschätzen würde.

Im Folgenden werde ich Entwicklung und Verlauf der Debatte zu Walsers Rede darstellen, wobei einige Themen, die in vielen Artikeln eine Rolle spielten, gesondert behandelt werden.

In unterschiedlicher Ausprägung sind dies die Themen Antisemitismus, das Verhältnis Deutsche-Juden, die Formen der Erinnerung und deren Instrumentalisierung, die Frage der deutschen Normalität, das Schweigen der Politik zur Debatte und die

---

immerhin bot auch Goldhagen mit seiner These vom Verschwinden des eliminatorischen deutschen Antisemitismus nach 1945 eine gewisse Möglichkeit der Entlastung für die jüngere Generation.

3 Christian Meier: Vielleicht gar ein Beitrag zur Erinnerung, in FAZ vom 23.11.98.

4 Ebd.

immer wieder auftauchenden Mißverständnisse und Sprachprobleme in der Kontroverse. Ein abschließender Blick soll auf die Reaktionen in der Presse der extremen Rechten geworfen werden.

Bubis contra Walser

Walsers Paulskirchenrede fand breiten und enthusiastischen Beifall im Auditorium, und es ist müßig zu fragen, welchen Einfluß diese Rede gehabt hätte, wenn nicht schon zwei Tage später eine scharfe Stellungnahme des Vorsitzenden des Zentralrats der Juden in Deutschland, Ignatz Bubis, zu lesen gewesen wäre. Bubis wandte sich gegen Walsers These von der »*Instrumentalisierung von Auschwitz*« und der damit verbundenen »*Moralkeule*«: »*Leute wie der DVU-Vorsitzende Gerhard Frey und Ex-Republikaner-Chef Franz Schönhuber sagen es auch nicht anders. Das ist geistige Brandstiftung.*«[5] Trotz dieser scharfen Attacken dauerte es noch knapp einen Monat, bis die Debatte richtig in Gang kam. Der Gedenktag zur Pogromnacht am 9. November bot auch für Bubis noch einmal den Anlaß, sich öffentlich mit Walsers Thesen auseinanderzusetzen. Bubis blieb bei seinen Vorwürfen gegen Walser, präzisierte sie hier jedoch. Walsers Rede wurde von ihm in eine Linie mit weiteren Versuchen gestellt, die faschistische Vergangenheit zu relativieren, wobei er auch den Historikerstreit erwähnte.

»*Den neuesten Versuch, Geschichte zu verdrängen beziehungsweise die Erinnerung auszulöschen, hat Martin Walser in seiner Dankesrede anläßlich des ihm verliehenen Friedenspreises des*

5 FAZ vom 13.10.98.

Deutschen Buchhandels am 11. Oktober dieses Jahres unternommen.«[6] Bubis bestritt, mit seinen Vorwürfen gegen Walser überzogen zu haben, und erhob den Anspruch, einem Mann der Sprache, wie Walser, mit besonderer Aufmerksamkeit zu beachten:

»*Ich wüßte nicht, was es an dem Satz, daß er habe lernen müssen wegzuschauen, daß er im Wegdenken geübt sei und daß er sich an der Disqualifizierung des Verdrängens nicht beteiligen könne, zu deuteln gäbe. Hier spricht Walser eindeutig für eine Kultur des Wegschauens und des Wegdenkens, die im Nationalsozialismus mehr als üblich war und die wir uns heute nicht mehr angewöhnen dürfen.*«[7]

Auch der Vorwurf der sprachlichen Nähe Walsers zur extremen Rechten wurde von Bubis wiederholt. Im Unterschied zu dieser sei Walser jedoch eine hoch angesehene Person des öffentlichen Lebens, weshalb seine Behauptung von der Instrumentalisierung von Auschwitz zu gegenwärtigen Zwecken einen ganz anderen Stellenwert habe: »*Wenn allerdings jemand, der sich zur geistigen Elite der Republik zählt, so etwas behauptet, hat das ein ganz anderes Gewicht. Ich kenne keinen, der sich auf Frey oder Deckert beruft, aber mit Sicherheit werden auch die Rechtsextremisten sich jetzt auf Walser berufen.*«[8] Den letzten Punkt von Bubis' Entgegnung bildete die auch von Walser angesprochene Debatte um das geplante Holocaust-Mahnmal in Berlin, die in der gesamten Debatte eine Rolle spielte und eng mit dem Thema der Erinnerungskultur zusammenhängt. Bubis wandte sich hier gegen Walsers Titulierung des geplanten Mahnmals als »*fußballfeldgroßen Alptraum*« und »*Monumenta-*

6 Zitiert nach Blätter für deutsche und internationale Politik 1/99, S. 120.

7 Ebd.

8 Ebd.

lisierung der Schande«. Offensichtlich hat Walser Schwierigkeiten, die Dimension des Verbrechens zu begreifen, wenn er hier von einer Monumentalisierung spricht. Auch Bubis wandte sich gegen eine Formulierung, die Ursache und Wirkung verkehrt: »*Man kann zu dem Holocaust-Mahnmal in dieser oder jener Form unterschiedlicher Auffassung sein, und man kann auch überhaupt gegen die Errichtung eines solchen Mahnmals sein. Auf keinen Fall, auch nicht dichterisch, darf man den Entwurf als Alptraum bezeichnen und schon gar nicht als Monumentalisierung der Schande. Die Schande war monumental und wird nicht erst durch das Mahnmal monumentalisiert.*«[9]

Dohnanyi contra Bubis

Diese an ähnlich öffentlicher Stelle wie Walser formulierte Zurückweisung löste dann eine Debatte aus, die sich durch sämtliche Feuilletons der großen Tages- und Wochenzeitungen zog und mit großer Schärfe geführt wurde. Der ehemalige Hamburger Bürgermeister Klaus von Dohnanyi war es, der Walser gegen die Angriffe Bubis' in Schutz nahm und sich hinter den Inhalt der Walserschen Rede stellte. Mit Dohnanyis Einwurf wurde sehr schnell deutlich, daß diese Kontroverse einen tiefen Einschnitt im Verhältnis zwischen Nichtjuden und Juden in Deutschland bedeutet, daß durch Walser die Chimäre einer gemeinsamen Erinnerungskultur zerrissen wurde. Schon Ulrich Raulff hatte in seiner Kommentierung zu Bubis' Angriffen gegen Walser davon gesprochen, daß »*der Schleier zerrissen*« sei, »*den eine trügerische Vorstellung von 'Gedächtniskultur' vor der*

9 Ebd.

Tatsache aufgespannt hat, daß das Gedächtnis alles andere als einheitlich ist.«[10] Bei Dohnanyi wurde dieser Unterschied dann deutlich angesprochen. Walsers Vermutung, Bubis habe ihn nicht verstanden, wird von Dohnanyi geteilt: »*Mir scheint: Walser hat recht. Bubis hat ihn nicht verstanden. Vielleicht auch gar nicht verstehen können. Den Walsers Rede war die Klage eines Deutschen – allerdings eines nichtjüdischen Deutschen – über den allzuhäufigen Versuch anderer, aus unserem Gewissen eigene Vorteile zu schlagen. Es zu mißbrauchen, ja zu manipulieren.*«[11] Auch Dohnanyi behauptete also, Auschwitz werde als Moralkeule gegen die Deutschen mißbraucht. Ähnlich wie bei Walser, blieb diese Behauptung zunächst jedoch unbewiesen im Raum stehen. Wer mißbraucht und manipuliert »*unser Gewissen*«, das laut Walser ja nur eine individuelle Instanz ist und sein soll. Wer und zu welchem Zweck will eigene Vorteile aus »*unserem Gewissen*« schlagen? Die weiter unten von Dohnanyi angeführten Beispiele von als Nazis beschimpften deutschen Schulklassen im Ausland, der Karikierung Kohls mit Hitler-Schnurrbart in der englischen Regenbogenpresse und der serbischen Erinnerung an die NS-Zeit angesichts des deutschen Engagements im Kosovo, decken die Aussage nicht, zumal wenn man sich bewußt macht, vor welchem aktuellen vergangenheitspolitischen Hintergrund die Debatte lief. Die Forderungen ehemaliger Sklavenarbeiter an die deutsche Wirtschaft gingen parallel und begleitend zur Kontroverse um Walser durch die Presse, und unabhängig von Dohnanyis oder Walsers persönlicher Ansicht hierzu war klar, daß das Gerede von »*Vorteilen aus unserem Gewissen*« hiermit in Verbindung gebracht würde.

---

10 Ulrich Raulff: Das geteilte Gedächtnis, FAZ vom 10.11.98.

11 Klaus von Dohnanyi: Eine Friedensrede, FAZ vom 14.11.98.

Dohnanyi ging es in der Verteidigung Walsers jedoch ersichtlich darum, die historische Last der heutigen Deutschen zu vermindern, weshalb er darum bemüht war, das schwere Schicksal dieser historischen Last der heutigen Deutschen herauszustellen: »*Wer in unseren Tagen zu diesem Land in seiner Tragik und mit seiner ganzen Geschichte wirklich gehören will, wer sein Deutschsein wirklich ernst und aufrichtig versteht, der muß sagen können: Wir haben den Rassismus zum Völkermord gemacht; wir haben den Holocaust begangen; wir haben den Vernichtungskrieg im Osten geführt. (...) Die Schande trifft noch heute jeden einzelnen von uns als Deutschen.*«[12] Nur am Rande sei vermerkt, daß die Konstruktion eines nationalen Kollektivs auch über die Negativseiten der Nationalgeschichte funktionieren kann, was deshalb nicht unproblematischer ist. Schon hier wird deutlich, warum »Verantwortung« statt »Schande« der sicherlich bessere Ausdruck für den Umgang mit der Vergangenheit ist. Wenn erst einmal mehrere Millionen hier lebende Menschen ohne deutschen Paß eingebürgert werden, dann wird eine solche Konstruktion noch schwieriger.

»*Tragik*« ist es, die das Deutschsein heute für Dohnanyi kennzeichnet, und zumindest läßt sich fragen, wie weit dieser Begriff zur Kennzeichnung der Vergangenheit tauglich ist. Gemeint ist hiermit die »Verstrickung« der Deutschen in die Verbrechen des Faschismus, von denen natürlich die deutschen Juden auszunehmen seien, weshalb Bubis hier anders empfinden müsse als Walser: »*Ignatz Bubis kann, so glaube ich, Martin Walser in seiner deutschen Klage schon deswegen nicht verstehen, weil in allem Erinnern an die Naziverbrechen, wie auch immer es vorgetragen oder dargestellt wird, für Ignatz Bubis nie-*

12 Ebd.

mals auch nur ein Nebenton von persönlichem Vorwurf zu spüren sein kann.«[13] Hier genau scheint das Dilemma für Dohnanyi und auch für Walser zu liegen: Sie fühlen sich moralisch angegriffen durch die Erinnerung an die Vergangenheit, und zwar gerade dann, wenn dem Gegenüber eine moralisch unzweideutige Unschuld unterstellt wird. Zugespitzt: die Juden erscheinen als moralisch überlegen, was einen Reflex der Abwehr auslöst, weshalb, zumindest unterbewußt, immer auch die Juden gemeint sind, wenn von »*Moralkeule*« oder ähnlichem die Rede ist. Bei Dohnanyi läßt sich dieser Reflex gut beobachten, denn nur wenige Sätze später kommt er zu der merkwürdigen, aber von der Intention her eindeutigen Bemerkung an die Juden: »*Allerdings müßten sich natürlich auch die jüdischen Bürger in Deutschland fragen, ob sie sich so sehr viel tapferer als die meisten anderen Deutschen verhalten hätten, wenn nach 1933 'nur' die Behinderten, die Homosexuellen oder die Roma in die Vernichtungslager geschleppt worden wären. Ein jeder sollte versuchen, diese Frage für sich selbst ehrlich zu beantworten.*«[14] Die Funktion der Aussage ist klar: Es soll hier den Juden die ihnen unterstellte moralische Überlegenheit genommen werden. Einhergehend damit stellt sich natürlich auch eine Entlastung für die deutschen Mitläufer ein, deren scheinbar moralisch minderwertiger Status aufgewertet, zumindest relativiert wird. Walser sei es laut Dohnanyi um die Gewissensnöte der Deutschen gegangen, seine Rede sei die »*notwendige Klage eines gewissenhaften nichtjüdischen Deutschen über das schwierige Schicksal, heute ein solcher Deutscher zu sein.*«[15] Diese selbstmitleidige Klage über das schwere

13 Ebd.

14 Ebd.

15 Ebd.

deutsche Schicksal mutet angesichts der Rolle und des Ansehens Deutschlands in der Welt etwas merkwürdig an, doch geht es hier um die schon von Walser eingeforderte »*Normalität*«, die am Ende des Jahrhunderts immer drängender beschworen wird. Nach wie vor ist es der Faschismus, der dem entgegensteht.

Mit einer Reihe von offenen Briefen zwischen Bubis und Dohnanyi in der FAZ wurde der Streit dann richtig ins Rollen gebracht. Zunächst nahm Bubis Stellung zu Dohnanyis Verteidigung Walsers und bezweifelte dessen wohlwollende Interpretation der Rede. Zumindest die Presse der extremen Rechten habe Walser ganz in seinem, Bubis', Sinne verstanden, weshalb die Nationalzeitung und auch die Junge Freiheit mit großen Walser-Zitaten aufmachten. Sodann beklagte Bubis den Sprachgebrauch Walsers: »*Walser sprach zwar oft von der Schande, hat jedoch mit keinem Wort Verbrechen 'Verbrechen' genannt.*«[16] Dieser Punkt spielte auch in der weiteren Debatte eine Rolle, und es wird weiter unten zu zeigen sein, welche Funktion die von Walser benutzte Ausdrucksweise hat. Bubis bezog die Walsersche Rede auf die aktuelle Diskussion um die Entschädigungen ehemaliger Sklavenarbeiter im NS-Staat: »*Der Tenor seiner Rede galt der Instrumentalisierung von Auschwitz und er hat damit eindeutig die, aus meiner Sicht berechtigten, Ansprüche von Zwangs- und Sklavenarbeitern (95 Prozent Nichtjuden) gemeint.*«[17] Walser hat im Laufe der Debatte immer wieder bestritten dies mit »*Instrumentalisierung*« zu meinen, und in seiner Rede gibt es auch keinen konkreten Hinweis hierauf. Dennoch steht seine Rede natürlich im Kontext aktueller vergangenheitspolitischer Debatten, und gerade hier zeigt sich seine Unfähigkeit oder sein Unwillen, diesen Kontext zu reflektieren und in seinen Äußerungen zu berück-

16 Ignatz Bubis: Ich bleibe dabei, FAZ vom 16.11.98.

17 Ebd.

sichtigen. Der Rückzug auf die sich selbst erforschende Sprache des Literaten ist hier nur eine billige Ausrede.

Knapp und scharf zurückgewiesen wurde von Bubis Dohnanyis Frage nach dem potentiellen Verhalten der Juden im Faschismus, wären sie nicht verfolgt und ermordet worden, die er als »*bösartig*« bezeichnete.

Einen Tag später antwortete Dohnanyi an gleicher Stelle. Nach Walser habe Bubis nun auch ihn mißverstanden. Es sei ihm darum gegangen darzulegen, wie ein jüngerer, nichtjüdischer, an den Verbrechen nicht schuldiger Deutscher »*heute fühlen muß.*« Besonders interessant ist, daß Dohnanyi die Gefühlslage der jüngeren Generation meint beschreiben zu können. Wie selbstverständlich wird hier für die gesamte Nachkriegsgeneration gesprochen, wobei die Protagonisten der Auseinandersetzung doch alle einer Generation angehören, und zwar einer, die noch sehr viel direktere Erinnerungen und Verbindungen zur faschistischen Vergangenheit aufweist, als das für die heute 20 bis 40jährigen der Fall ist. Dohnanyi und Walser übertragen ihre persönlichen Probleme mit Vergangenheit und Erinnerung hier umstandslos auf die jüngere Generation. Die Forderung, auch die jüngeren müßten »*sich in unserer 'Schande'*«[18] sehen, deckt wahrscheinlich keineswegs die Gefühlslage dieser Generation ab. Zu hoffen ist nur, daß die im »Spiegel« abgedruckte Stellungnahme einer jungen deutschen Studentin nicht typisch für diese Generation ist. Unter der Überschrift »*Eine deutsche Studentin wehrt sich gegen Schuldzuweisungen*« heißt es hier: »*Den Antisemitismus schürt, wer die angeblichen Unterschiede zwischen 'den Deutschen' und 'den Juden' ständig herbeiredet*«[19], womit wohl die Unterscheidung in Opfer- und Täternachkommen gemeint

18 Klaus von Dohnanyi: Wir sind alle verletzbar, FAZ vom 17.11.98.

19 Vgl. Der Spiegel 53/98; hier zitiert nach konkret 2/99, S. 19.

ist. Schuld an einem eventuell wieder offeneren Antisemitismus sind die Juden selbst, wenn sie sich weiterhin »*anmaßen ... Vorwürfe machen zu dürfen.*« Dohnanyi mobilisiert selbst solche Art von Abwehr gegen die Erinnerung, indem er die moralisch abwertende Formulierung der »*Schande*« übernimmt, sie dann aber als herabsetzende Vorhaltung von außen negiert: »*Andererseits weiß er* [der jüngere, nichtjüdische Deutsche; G.W.] *sich aber selbst unschuldig und möchte mit dieser, seiner deutschen Schande nicht ständig in einer Weise konfrontiert werden, so als sei derjenige, der ihn an diese deutsche Schande erinnert, schon deswegen ein besserer Mensch.*«[20] Auch hier scheint hinter der Formulierung wieder der sich moralisch überlegen fühlende Jude auf, weshalb Dohnanyi auch auf seiner von Bubis als bösartig gekennzeichneten Frage an die Juden beharrt. Vielmehr gibt sich Dohnanyi aufgrund des Vorwurfs »*gekränkt*« und schließt mit einer Mahnung an Bubis: »*Ich finde, als Vorsitzender des Zentralrats der Deutschen Juden könnten Sie mit ihren nicht-jüdischen Landsleuten etwas behutsamer umgehen; wir sind nämlich alle verletzbar.*«[21]

Wiederum zwei Tage später antwortete Bubis und beharrte darauf, weder Dohnanyi noch Walser falsch verstanden zu haben, weshalb er unkommentiert längere Passagen aus Dohnanyis Artikel zitierte. In einem Punkt unterscheide Dohnanyi sich allerdings von Walser, gehe es ihm darum, die Tatsachen nicht in Vergessenheit geraten zu lassen und eine menschliche Form der Erinnerung zu finden, so strebe Walser etwas anderes an: »*Walser wollte und will etwas anderes. Und das hat er deutlich schon 1978 gesagt, Zitat Walser: 'Wenn wir Auschwitz bewältigen könnten, könnten wir uns wieder nationalen Aufgaben zu-*

20 Ebd.

21 Ebd.

wenden. Aber ich muß zugeben, eine rein weltliche, eine liberale, eine vom Religiösen, eine überhaupt vor allem Ich-Überschreitenden fliehende Gesellschaft kann Auschwitz nur verdrängen. Wo das Ich das Höchste ist, kann man Schuld nur verdrängen.'«[22] Zusammen mit seinem aktuellen Lob des Verdrängens sei dies eine »*unmißverständliche Sprache.*«

Ein anderes Problem hätten Dohnanyi und Walser gemeinsam: »*Sie sind verletzbar und wollen ihren Seelenfrieden haben. Diesen soll ich ihnen geben, indem ich mit den nichtjüdischen Landsleuten etwas behutsamer umgehe, denn sie sind alle verletzbar. Damit kann ich nicht dienen, denn Ihretwegen oder wegen Walser werden wir nicht auf das Gedenken, selbst auf ein ritualisiertes Gedenken nicht verzichten.*« Bubis sprach damit deutlich aus, was bei Walser und Dohnanyi nur als Subtext zu lesen war: die Aufforderung an die Juden, die Deutschen nicht an ihre »*Schuld*« zu erinnern. Die mit der Kontroverse immer klarer zutage tretende Trennung zwischen jüdischer und nichtjüdischer Erinnerung zeigte sich auch im Schlußsatz seiner Antwort, die das Empfinden dieser Trennung ausdrückt: »*Noch eins. Wie wäre es, wenn Sie und Walser mit ihren jüdischen Landsleuten etwas behutsamer umgehen würden, denn auch wir sind verletzbar. Ist Ihnen das schon einmal in den Sinn gekommen?*«[23] Auch hier habe Bubis ihn wieder falsch verstanden, antwortete Dohnanyi, denn er habe mit seinem »*wir sind alle verletzbar*« selbstverständlich **alle** Deutschen gemeint, ob Juden oder Nichtjuden. Da aber ansonsten in seinem als auch in Walsers Text gerade die Trennung zwischen beiden betont und diese unter der Hand gegen die Juden gewandt wurde, lag dieses Mißverständnis nur allzu nahe.

---

22 Ignatz Bubis: Über den Seelenfrieden, FAZ vom 19.11.98.

23 Ebd.

Den vorläufigen Schlußpunkt fand die Auseinandersetzung zwischen Bubis und Dohnanyi in einem Spiegel-Interview von Bubis, in dem dieser Walser und Dohnanyi latenten Antisemitismus vorwarf: »*Ich spüre bei Martin Walser zwischen den Zeilen Antisemitismus. Ich weiß nicht, ob er sich dessen bewußt ist, wahrscheinlich nicht. Klaus von Dohnanyi hat es deutlicher als Walser ausgesprochen. Er sprach von dem 'Versuch anderer, aus unserem Gewissen eigene Vorteile zu schlagen, es zu mißbrauchen, ja, zu manipulieren. (...) Im Klartext heißt das: Die Juden machen aus allem Geld, sogar aus dem schlechten Gewissen der Deutschen.*«[24] Dieses Denken entspreche dem klassisch antisemitischem Repertoire.

Antisemitismus und das Verhältnis zwischen Juden und Nichtjuden

Wenn es nach 1945 in Deutschland wirklich ein Tabu als Konsequenz aus dem Faschismus gab, dann war es die Äußerung eines offenen Antisemitismus. Für die Bevölkerung und Eliten war klar, daß ein Zurück in den Kreis der zivilisierten Nationen nur mit einer deutlichen Distanzierung vom Antisemitismus möglich war. Antisemitische Stereotypen im Denken waren damit natürlich keineswegs überwunden, sie waren nur nicht mehr öffentlich kommunizierbar. In dem Maße, in dem die Schatten der Vergangenheit zum Verblassen gebracht wurden, machten sich auch wieder verstärkt Äußerungen bemerkbar, die unverkennbar in der unseligen Tradition des Antisemitismus stehen. Vor allem seit der Vereinigung von 1990 und dem wiederentdeckten natio-

24 Der Spiegel 49/1998, S. 52.

nalen Selbstbewußtsein machte sich auch ein neuer Ton gegenüber den Juden bemerkbar. Die von Walser ausgelöste Debatte könnte hier eine Katalysatorfunktion haben.

Der von Bubis gegen Walser und Dohnanyi erhobene Vorwurf des latenten Antisemitismus gehört zu den schärfsten Vorwürfen, die hierzulande gemacht werden können, weshalb mit einer solchen Etikettierung vorsichtig umgegangen werden sollte. Jedoch ermöglichten die Äußerungen von Walser und Dohnanyi Interpretationen, die in der Tat stark mit antisemitischen Stereotypen verknüpft sind.

Gänzlich ohne solche einschränkenden Bemerkungen kann man sich einem Kommentar Rudolf Augsteins zur Walser-Bubis-Kontroverse nähern, der von Joachim Rohloff in der Zeitschrift »konkret« als *»eines der übelsten antisemitischen Pamphlete, die nach 1945 in deutscher Sprache außerhalb der 'Nationalzeitung' gedruckt wurden«*[25] bezeichnet wurde. Augstein stellt sich voll hinter Walser und bescheinigt Bubis einen *»gehörigen Mangel an Urteilsvermögen«*.[26] Bestätigt werde Walsers Vorwurf des Mißbrauchs von Auschwitz durch das, *»was wir erst jüngst von einigen New Yorker Anwälten erlebten«*. Gemeint waren hiermit die Vertreter ehemaliger jüdischer Zwangsarbeiter, die horrende Entschädigungsforderungen auch an die deutsche Industrie stellten. Augstein sieht in den Entschädigungsforderungen einen Mißbrauch von Auschwitz, womit die Juden, die eine mehr als billige und immer zögernder zugestandene Erinnerung einfordern, zu moralisch zwielichtigen Elementen ernannt werden. Deutschland dürfe sich jedoch nicht länger von außen, d.h. von

---

25 Joachim Rohloff: »Das Weltjudentum ist eine jroße Macht«, in: konkret 1/99, S. 15.

26 Rudolf Augstein: »Wir sind alle verletzbar«, in: Der Spiegel 49/1998, S. 32/33, alle weiteren Zitate von Augstein hier.

den Juden, vorschreiben lassen, wie es zu gedenken habe. Die Zeitgenossen der NS-Zeit, zu denen sich Augstein zählt, hätten sich das Geschehen »*in einem schmerzhaften Prozeß aneignen*« müssen, hätten sie doch, beispielsweise während ihrer Zeit in der Wehrmacht, nichts von den Verbrechen gewußt. Wiederholt wird die wissenschaftlich längst widerlegte Legende, die Deutschen hätten von allem nichts gewußt. Beschränken soll sich Erinnern und »Scham« jedoch auf die Zeitzeugen, weshalb das geplante Holocaust-Mahnmal als aufgezwungene und antideutsche Zumutung von Augstein abgelehnt wird: »*Nun soll in der Mitte der wiedergewonnenen Hauptstadt Berlin ein Mahnmal an unsere fortwährende Schande erinnern. Anderen Nationen wäre ein solcher Umgang mit ihrer Vergangenheit fremd. Man ahnt, daß dieses Schandmal gegen die Hauptstadt und das in Berlin sich neu formierende Deutschland gerichtet ist. Man wird es aber nicht wagen, so sehr die Muskeln auch schwellen, mit Rücksicht auf die New Yorker Presse und die Haifische im Anwaltsgewand, die Mitte Berlins freizuhalten von solch einer Monstrosität.*« Erinnerung wird von Augstein als gegen Deutschland gerichtete Waffe verstanden, eingesetzt vor allem von den amerikanischen Juden, die sich unschwer hinter der New Yorker Presse und den »*Haifischen im Anwaltsgewand*« erkennen lassen. Das Schlagwort der von den Juden regierten Presse der Ostküste gehört zu den gängigsten antisemitischen Stereotypen und läßt sich in fast jeder Ausgabe der Nationalzeitung so lesen. Ganz in dieser Manier werden die Deutschen bei Augstein zu Opfern der jüdischen Macht, weshalb er wenige Zeilen später zustimmend Adenauer zitiert, der schon in den fünfziger Jahren meinte: »*Das Weltjudentum ist eine jroße Macht.*« Schuld an der ganzen Mahnmal-Debatte ist laut Augstein der mißglückte Israelbesuch von Kanzler Kohl 1984, der quasi als Kompensation hierfür die Idee des »*sogenannte(n) Mahnmal(s)*« hervorgebracht habe, womit Kohl für Augstein jedoch 'einknickte'. Das Wachhalten der Erinnerung generell wird somit von Augstein als 'einknicken' vor den Juden gewertet, womit Erinnerung allein zur utilitaristischen Geste fürs Ausland verkommt, die sich dann erübrigt, wenn die eigene Position wieder stark genug ist.

Die Begleiterscheinungen des neuen nationalen Selbstbewußtseins, z.B. ein immer virulenter werdender Antisemitismus, werden durch Augstein denen angelastet, die die Erinnerung wachhalten wollen: »*Man würde untauglichen Boden mit Antisemitismus düngen, wenn den Deutschen ein steinernes Brandmal aufgezwungen wird.*« Schuld am Antisemitismus ist damit der Jude, der die Deutschen zur Erinnerung zwingt, die von diesen nur noch als »*Brandmal*« aufgefaßt wird. Die Mahnmal-Debatte wird von einer deutschen Debatte zu einem Zwang des Auslands. Gegen diese (jüdische) Zumutung setzt sich der Spiegelherausgeber zur Wehr: »*Man kann uns nicht von außen diktieren, wie wir unsere neue Hauptstadt in Erinnerung an die Vergangenheit gestalten.*« Verstanden werden kann dies auch als Warnung: Wenn die Juden die Deutschen weiter zur Erinnerung zwingen, dann wird der Antisemitismus unweigerlich zunehmen. Der Sprengstoffanschlag auf des Grab des ehemaligen Vorsitzenden des Zentralrats der Juden in Deutschland, Heinz Galinski, am 19.12.98, erschien wie eine Unterstreichung dieser Äußerung, und die Tochter Galinskis zog auch eine Verbindung zwischen der von Walser losgetretenen Debatte und dem Attentat[27].

Augsteins Kommentar endet mit der Vermutung, daß sich die deutschen Parteien nicht trauen werden, gegen das Mahnmal zu entscheiden. Egal jedoch wie die Entscheidung auch ausfalle,

---

27 Vgl. Evelyn Hecht-Galinski: Ekel vor der neuen Offenheit, FR vom 31.12.98.

die Deutschen bleiben für Augstein das Opfer der jüdischen Pression: »*Ließen wir den von Eisenmann* [dem Architekten des geplanten Mahnmals, G.W.] *vorgelegten Entwurf fallen, wie es vernünftig wäre, so kriegten wir nur einmal Prügel in der Weltpresse. Verwirklichen wir ihn, wie zu fürchten ist, so schaffen wir Antisemiten, die vielleicht sonst keine wären, und beziehen Prügel in der Weltpresse jedes Jahr und lebenslang, und das bis ins siebte Glied.*«

Der eingangs zitierten Einschätzung Rohloffs kann nicht widersprochen werden, sind bei Augstein doch die antisemitischen Ressentiments nicht mal mehr kaschiert.

Michael Brenner machte in der Süddeutschen Zeitung gar einen »*neuerlichen Antisemitismusstreit*«[28] aus, in den er neben Augstein auch Walser einbezog. Brenner sieht in den Äußerungen der beiden ein Anknüpfen an den Berliner Antisemitismusstreit von 1879, wobei er die damaligen Positionen von Treitschke und Theodor Mommsen nun auf Augstein und Walser überträgt. Zwei unterschiedliche deutsche Traditionen zeigten sich hier: »*auf der einen Seite eine, auch in der Wortwahl, wenig verhüllte Abneigung gegenüber den Juden, auf der anderen Seite eine Abneigung gegen das Jüdische als eigenständiges Kulturelement.*«[29] Augsteins Tiraden haben ihren Kern somit in Treitschkes Ausspruch: »*Die Juden sind unser Unglück*«, während die Problematik in Walsers Äußerungen dagegen auf einer anderen Ebenen gesucht werden müßten: »*Von Haifischen im Anwaltsgewand zu sprechen ist seine Sache nicht. Vielmehr fühlt er sich als Anwalt der Juden, zumindest der assimilierten deutschen*

28 Michael Brenner: Sie sind unser Unglück. Der neue alte Antisemitismus, SZ vom 21.12.98.

29 Ebd.

Juden, die er posthum von den im osteuropäischen Schicksal verhafteten Juden selektiert. Vieles aus der Sonntagsrede wurde wieder und wieder zitiert, kaum aber jene Episode, mit der sich Walser gegen den Vorwurf der Verharmlosung von Auschwitz zu wehren versuchte: 'Ich stellte das Schicksal einer jüdischen Familie von Landsberg an der Warthe bis Berlin nach genauester Quellenkenntnis dar als einen fünfzig Jahre lang durchgehaltenen Versuch, durch Taufe, Heirat und Leistung dem ostjüdischen Schicksal zu entkommen und Deutsche zu werden, sich ganz und gar zu assimilieren.«[30] Walsers Verteidigung des jüdischen Schicksals enthalte ein problematische Implikation: »*Es erstaunt, daß Walser nicht einmal auf die Idee zu kommen scheint, hinter diesem beständigen Lob für jene Juden, die ihrem Jüdischsein 'entkommen', könnte man ein durchaus problematisches Konzept der Integration durch völlige Assimilation erkennen.«*[31]

Doch lassen sich bei Walser auch hierüber hinausgehende Ressentiments gegen die Juden ausmachen, die in ihrem Gehalt auf der schon von Dohnanyi vorgetragenen Linie liegen und sich gegen die Juden als personifizierten Schuldvorwurf richten. Der Spruch, daß die Deutschen den Juden Auschwitz nie verzeihen werden, fand gerade in den Äußerungen Dohnanyis, Augsteins und Walsers seine Bestätigung. Für die Haltung Walsers ist hier der dramatische Höhepunkt der ganzen Debatte, das Gespräch mit Bubis, am aufschlußreichsten.

Im von der FAZ[32] organisierten Gespräch zwischen Martin Walser und Ignatz Bubis, moderiert von Frank Schirrmacher und Salomon Korn, wurde deutlich, daß es sich bei zentralen

30 Ebd.

31 Ebd.

32 Vgl. FAZ vom 14.12.98.

Punkten der Walserschen Rede keineswegs um Mißverständnisse gehandelt hatte. Denn Walser beharrte, als ihm die Mißdeutungsmöglichkeiten seiner Rede vorgehalten wurden, darauf, daß er nicht mißverstanden worden sei. Zwei Punkte sind in diesem Gespräch besonders aufschlußreich: einerseits Walsers Einschätzung der vergangenheitspolitischen Rolle der Juden im heutigen Deutschland und darüber hinaus seine Sicht der politischen Verhältnisse im Lande. Wolfram Schütte wertete in der »Frankfurter Rundschau« Walsers Gesprächshaltung als »*anmaßend, starrsinnig, schamlos und feige*«[33], und diese Bewertung ist nicht übertrieben. Deutlich wird die eitle Selbstverliebtheit Walsers gleich zu Beginn des Gesprächs: Nachdem Bubis in sehr bewegender Weise von seiner Lebensgeschichte und der Ermordung seiner Familie in den Vernichtungslagern erzählt hatte, um hieraus den Unterschied zwischen seinem eigenen Wegschauen – »*ich kann da nicht hinschauen, ich würde zerbrechen*«[34] – und dem von Walser geforderten Verdrängen zu verdeutlichen, insistiert Walser, den Unterschied zwischen Opfer und Täternachkommen ignorierend, auf seiner langen Beschäftigung mit dem Thema: »*Und, Herr Bubis, da muß ich Ihnen sagen, ich war in diesem Feld beschäftigt, da waren Sie noch mit ganz anderen Dingen beschäftigt. Sie haben sich diesem Problem später zugewendet; Sie haben sich diesen Problemen später zugewendet als ich.*« Opfer und Täter, der Standpunkt der Erinnerung, die Traumatisierung der Überlebenden, die sich nicht so frei wie Walser für oder gegen ein Hinschauen entscheiden können, all das wird von Walser beseitegewischt. Er und die Deutschen haben ihre Erinnerungspflicht schon längst erfüllt und verbitten sich jetzt jede Ermahnung durch die

33 Frankfurter Rundschau vom 15.12.98.

34 FAZ vom 14.12.98; alle folgenden Zitate hier.

Juden. Im Gespräch mit Konkret-Herausgeber Gremliza äußerte Bubis zu dieser Vorhaltung Walsers: »*Ich hätte ihm sagen können, als ich dort* [in Auschwitz, G.W.] *war, haben sie sich überhaupt nicht darum gekümmert*«[35], womit er genau den Unterschied verdeutlichte, den Walser beseitigen wollte. Soviel vielleicht zur einfühlenden Sensibilität des Schriftstellers.

Walser besteht im weiteren Gespräch darauf, einerseits nicht mißverstanden worden zu sein, andererseits will er aber nicht für möglichen Mißbrauch seiner Rede in Verantwortung genommen werden, eine offensichtlich widersprüchliche Haltung. »Gewissen« wird zum meist gebrauchten Schlagwort Walsers und, wie schon in der Rede, gegen »Verantwortung« gesetzt. Als Berufungsinstanz Walsers dienen immer wieder die vielen positiven Reaktionen die er bekommen habe und die er als über jeden Verdacht erhaben erklärt. »*Das muß ich leider sagen, das haben die Leute gesagt, nicht wahr, daß man sich einfach als Deutscher in einem Beschuldigtenzustand fühlt und durch seine Repräsentanten daraus nicht erlöst wurde (...).*« Öffentliches Erinnern, jedenfalls in seiner bisherigen Art, löse bei den Menschen ein schlechtes Gewissen aus, und dies will Walser ihnen nehmen: »*Wie man an Auschwitz denkt, ist eine Sache des persönlichen Gewissens.*« Nicht die Ungeheuerlichkeit des Holocaust und der notwendig schmerzhafte Umgang damit werden für die Gewissensprobleme der nichtjüdischen Deutschen verantwortlich gemacht, sondern die Art des Gedenkens. Ein distanzierterer, unbeschwerterer Umgang mit der Vergangenheit wäre eine Schlußfolgerung hieraus, vielleicht ein Mahnmal, das man gerne besucht, wie es Kanzler Schröder forderte. Es geht mithin darum, die Monstrosität des

35 »Die Haare sind mehr geworden«, Konkret-Gespräch mit Ignatz Bubis, konkret 2/99, S. 14.

Verbrechens in eine Monstrosität der Erinnerung umzudeuten und sich so von beidem zu distanzieren.

Walser spricht immer wieder von der befreienden Wirkung seiner Rede, die er den vielen Briefen, die er bekommen habe, entnehme. Gerade diese vermeintliche Befreiung von der Last der Vergangenheit ist es, der Bubis mißtraut. Sehr deutlich wird an dieser Stelle, daß es Walser nicht um eine gemeinsame Erinnerung von Juden und Nichtjuden geht, daß er Bubis u.a. deutlich von sich und *den* Deutschen trennt: »*Nein, diese befreiende Wirkung heißt: Unser Gewissen ist unser Gewissen, und das lassen wir uns nicht von anderen vorschreiben.*« Wer diese anderen sind, macht Walser unmißverständlich deutlich. Zitiert wird von ihm eine Aussage von Bubis: »*Sie haben gesagt: Der Walser will seinen Seelenfrieden. Hätten seine Vorfahren dafür gesorgt, daß die Juden nicht umgebracht wurden, hätte er seinen.*« Die Antwort hierauf erfolgt mit unverkennbarer Aggressivität: »*Herr Bubis, das sage ich Ihnen: Ich will meinen Seelenfrieden, verstehen Sie? Und wie ich ihn kriege, das ist in mir, das ist mein Gewissenshaushalt. Und da lasse ich mir von niemandem, auch nicht von Ihnen, dreinreden. Mein Gewissen bleibt mein Gewissen. Oder ich pfeife drauf, dann schenke ich es Ihnen.*« Nicht etwa die Taten ihrer Vorfahren, sondern die Juden bedrohen den deutschen Seelenfrieden. Walser macht deutlich, daß nur ein Erinnern akzeptabel sei, welches die Deutschen nicht an die Taten der Eltern und Großeltern erinnert. Gerade dies wirft er jedoch den Juden in Deutschland vor, weshalb er von ihnen besondere Zurückhaltung fordert, insbesondere im Zusammenhang mit dem gegenwärtigen Rassismus und Neofaschismus. Die Juden als Opfer könnten nicht objektiv urteilen, da ihnen die »*Faszination*« des Faschismus für die Deutschen notwendig unzugänglich bleibe. Walser versteckt sich bei dieser Unverschämtheit jedoch hinter der Aussage eines Juden, ein beliebtes Spiel bei solchen 'Tabubrüchen': »*Darf ich ihnen mal einen ganz riskanten Satz von Jakob Taubes vorlesen, diesem jüdischen Religionsphilosophen, das hat mich sehr bewegt: Es ist kein Geheimnis, daß ich Jude bin, und zwar bewußt und Erzjude als solcher, und das bringt für mich einige Probleme mit sich, überhaupt in deutschen Landen. Konträr zu dem, was viele tun, bringt mich das in die Lage, mich des Urteils zu enthalten. Über viele Dinge zögere ich, den Stab zu brechen, weil wir als Juden in all dem unaussprechlichen Grauen, das geschehen ist, vor einem bewahrt geblieben sind, nämlich mitzumachen. Wir hatten keine Wahl. Und wer keine Wahl hat, das heißt, ich war gar nicht gegen Hitler, sondern Hitler war gegen mich. Wer keine Wahl hat, ist auch im Urteil eingeschränkt. Das heißt, er kann nicht beurteilen, was die Faszination anderer ist, die stolpern, die rutschen, die wollen, die fasziniert sind. Jedenfalls wird es für ihn ein Problem der Faszination.*« Walser sagt mit den Worten Taubes ähnliches wie schon Dohnanyi: Die Juden sollen nicht moralisch über die Deutschen urteilen, da sie, behaftet mit dem 'Glück' der Verfolgten, ohne eigenes Zutun deren Taten nicht begehen konnten. Es zeigt sich hier ein immer wiederkehrendes Bedürfnis, einen Teil der Opferrolle auch für die Deutschen zu reklamieren. Besonders interessant ist bei dieser Argumentation die immanente Logik: Die Deutschen ermorden sechs Millionen Juden, die Juden können als Betroffene kein objektives Urteil über den Vorgang treffen, sollen sich zurückhalten und den Umgang mit dem Verbrechen den Deutschen, eben den Tätern, überlassen. Daß ausgerechnet die Nachkommen der Täter für sich den objektiven Blick beanspruchen und ihn den Juden absprechen, ist ein besonderer Fall einfühlender Täterforschung.

Walser spitzt diese Logik jedoch sogleich noch politisch zu, wenn er fordert, Bubis solle sich nicht in die aktuellen Debatten um die extremen Folgen der Ausländerfeindlichkeit und des Rassismus einmischen. In inquisitorischem Ton fragt er Bubis: »*Ich glaube, ich habe Sie im Fernsehen gesehen in Lichtenhagen bei Rostock. Jetzt frage ich Sie, als was waren Sie dort?*« Und höhnisch fährt er fort: »*Denn ich sah Ihr empörtes, ergriffenes Gesicht im Fernsehen, begleitet vom Schein der brennenden Häuser, das war sehr heroisch.*« Was macht also 'der Jude' Bubis am Ort eines rassistischen Pogroms? Für Walser ein klarer Fall von unerwünschter Einmischung eines Juden, denn dieser wecke durch sein Auftreten die Erinnerung an die Vergangenheit, und das darf nicht sein: »*Wenn Sie auftauchen, dann ist das sofort zurückgebunden an 1933.*« Es folgt das Zitat von Taubes und damit die Aufforderung, sich nicht mahnend in die gegenwärtige Politik einzumischen und sie schon gar nicht mit dem Nationalsozialismus zu verkoppeln. Die Täter von Rostock und anderswo sind für ihn »*asoziale Jugendliche*« und die Wähler der extremen Rechten reduzieren sich auf »*Protestwähler*«. Gerade die Verknüpfung des gegenwärtigen Rassismus mit der nationalsozialistischen Vergangenheit ist es, gegen die Walser sich wendet, da so den Deutschen weiterhin ein schlechtes Gewissen gemacht werde. Ihnen dieses zu nehmen, ohne jedes Wenn und Aber, darin sieht er den Sinn seiner Rede. Sein Text sei nicht mißverstanden worden, »*wenn man daraus den Schluß zieht, daß man sich nicht vorschreiben lassen will, wie man zur deutschen Vergangenheit steht. (...) Mir ist ein freies Gewissen, das zu inakzeptablen Ergebnissen kommt, lieber als ein gebundenes Gewissen*«. Zugespitzt heißt das, lieber die von jeder Erinnerung befreiten Ressentiments eines großen Teils der deutschen Bevölkerung mit all ihren Folgen in Kauf zu nehmen, als eine erzwungene Tabuisierung des grassierenden Rassismus. Den Opfern des aktuellen Rassismus dürfte letzteres gewiß lieber sein, aber es sind ja auch nicht ihre Interessen, für die Walser streitet.

Der anti-jüdische Reflex Walsers, der auch bei Augstein und

Dohnanyi eine entscheidende Rolle spielte, ist kennzeichnend für diese Debatte überhaupt. Dem von Korn benutzten Bild der Flasche, die Walser bewußt geöffnet habe, widerspricht dieser vehement: »*Ich lasse das Bild nicht zu, daß die psychische und mentale Befindlichkeit der Majorität der hiesigen Bevölkerung so dargestellt wird, als sei sie in eine Flasche gesperrt.*« Dann nimmt er das Bild jedoch auf und wendet es rhetorisch gegen die Juden: »*Entschuldigen Sie, ich wage nicht Ihr Bild fortzusetzen, dann haben Sie das deutsche Gewissen in eine Flasche gesperrt, zu der Sie den Stöpsel haben.*« Wolfram Schütte kommentiert zutreffend: »*Daß 'die Juden' unser Unglück sind, hat man auch schon einmal rhetorisch unumwundener gehört (...).*«[36] Ebenso empört zeigt sich Walser über den Brief des israelischen Botschafters, in dem dieser eine talmudische Parabel zitiert, in der es heißt: »*Ein geistig Hochstehender, der auf seinem Rock einen Fleck duldet, hat die Todesstrafe verdient.*« Walser will die Metapher nicht verstehen und gibt sich beleidigt: »*Wo ist der Fleck auf meinem Rock? Wo ist die Nachlässigkeit? Ich sage Ihnen, diesen Umgang mit Menschen ertrage ich nicht. Und wenn das einer bisher eingeführten Umgangsart entspricht, dann müssen Sie sich nicht wundern, wenn die Leute sich wehren.*« Im letzten Absatz steckt wieder unverhohlen die Drohung, daß sich die Deutschen die Pressionen der Juden nicht länger gefallen lassen werden und daß diese für die Konsequenzen selbst die Verantwortung tragen.

Das Gespräch Walser-Bubis trug also keineswegs zur »Versachlichung« der Diskussion bei, sondern unterstrich noch einmal die schon in der Rede enthaltenen Standpunkte Walsers. Entgegen Bubis, der den Vorwurf des »*Brandstifters*« im Gespräch zurücknahm, waren die Reaktionen in den Feuilletons teilweise

36 Frankfurter Rundschau vom 15.12.98.

scharf. Neben Wolfram Schüttes Polemik in der Frankfurter Rundschau titelte auch »Die Woche« einen Beitrag von Hans-Ulrich Jörges mit dem Fazit »... *und er ist doch ein Brandstifter*«[37].

Marcel Reich-Ranicki nennt den Vorwurf des Antisemitismus gegen Walser und Dohnanyi absurd und macht dennoch deutlich, wo deren Problem mit den Juden liegt: eben in dem beneideten Status der Opfer, den sich viele Nachkommen der Täter so gern zu eigen machen würden. Reich-Ranicki berichtet von einem Interview Walsers in der Süddeutschen Zeitung, in der der Interviewer den Witz machte, Ranicki wolle die Literatur durch die Literaturkritik ersetzen. Walser der sich als Opfer dieser Kritik fühlt, reagierte symptomatisch: »*Aber Walser – es ist kaum zu glauben – hat den Witz ernst genommen und erklärt: 'Die Autoren sind die Opfer, und er ist der Täter. Jeder Autor, den er so behandelt, könnte zu ihm sagen: Herr Reich-Ranicki, in unserem Verhältnis bin ich der Jude.' Wollte Walser ein Gleichheitszeichen setzen zwischen der Verurteilung eines Romans und der Vergasung eines Menschen? Nein, das wollte er mit Sicherheit nicht, denn er ist nicht wahnsinnig. Nur ist ihm im Zorn, in der Hitze des Gefechts eine schreckliche und letztlich törichte Formulierung entschlüpft.*«[38] Und dennoch verbirgt sich hinter diesem »Ausrutscher« ein entscheidender Teil der Debatte.

Erinnerungskultur und Instrumentalisierung

Walsers und Dohnanyis Vorwurf, die »*deutsche Schande*« werde zu gegenwärtigen Zwecken instrumentalisiert, beinhaltete

37 Die Woche, 18.12.98.

38 Marcel Reich-Ranicki: Das Beste, was wir sein können, FAZ vom 2.12.98.

auch eine Infragestellung der gesamten Erinnerungskultur des Landes. Vor allem Walser sprach von einer ritualisierten Form der Erinnerung, der er mit einer Rückführung der Erinnerung ins private Gewissen der Individuen begegnen wollte. Der Zweck dieser individuellen Gewissenserforschung blieb dabei weitgehend im Dunkeln, Walser selbst ging es nach eigenem Bekunden um seinen Seelenfrieden. Ob und welche Funktion die öffentliche Erinnerung an den Faschismus haben könnte, wurde bei ihm nur negativ thematisiert, eben als »*Moralkeule*«, gerichtet gegen das deutsche Volk. Die größte Sorge, sowohl in seiner Rede als auch im Gespräch mit Bubis, bereitete ihm der Rückbezug gegenwärtiger Ereignisse auf die historische Erfahrung des Faschismus. Dieser soll somit als Folie für aktuelle Tendenzen beseitigt werden, da sonst das nationale Kollektiv weiterhin an den Faschismus rückgebunden werde. Deutlich wird diese Absicht in Walsers Ausführungen zu den Pogromen in Rostock, die er in seiner Rede und im Gespräch mit Bubis ausdrücklich nicht zurückgebunden wissen will. Welchen Sinn aber kann historische Erinnerung haben, wenn nicht den, aus diesen Erfahrungen für die Gegenwart zu lernen? Michel Friedman sieht gerade hier die eigentliche Aufgabe des Erinnerns: »*Deswegen ist für mich Geschichtsvermittlung nicht allein eine Frage der moralischen Bewertung, sondern immer auch von Handlungskonsequenzen, die man durch diese Vermittlung bewirkt.*«[39] Walser will offensichtlich das Gegenteil, wenn er Bubis auffordert, nicht nach Rostock zu gehen, da die Ereignisse sonst an die NS-Vergangenheit zurückgebunden werden. Seine Lehre aus dem deutschen Faschismus besteht erkennbar im Wegschauen, etwa

39 Streit um die Koordinaten der Republik. Wohin führt die Debatte um Martin Walsers »Friedensrede«? Ein Interview mit Michel Friedman, in: Blätter für deutsche und internationale Politik, 1/99, S. 36.

wenn er sich in der Rede gegen die von Intellektuellen formulierten Anklagen gegen Politiker und Gaffer in Rostock wendet. Seine, vorsichtig interpretiert, naive Aussage, er könne solchen Äußerungen gegen die Bevölkerung nicht zustimmen, da er die Tatsachen einfach nicht glauben könne, zeigt die ganze Konsequenz dieser historischen Verdrängung. Ein Blick auf den 9. November 1938 sollte auch Walser zeigen, daß vorgeschützte Naivität fatale Konsequenzen, und damit auch »*Schuld*« und »*Schande*« mit sich bringen kann. Verantwortlich ist auch hier die Ersetzung des Terminus »Verantwortung« durch »Schande«. Alexander Tisma äußerte sich in seinem Debattenbeitrag hierzu: »*Ich glaube, daß die Abscheu vieler, auch Martin Walsers, gegen die 'Moralkeule' und die Evozierung vergangener 'Schande' daher rührt, daß wir den Gedanken der kollektiven Schuld nicht annehmen wollen. Diese Ablehnung ist aber grundlegend falsch, denn wir alle sind verantwortlich nicht nur für Schaden, den wir persönlich jemand zufügen, sondern auch für das, was andere jemandem antun, ohne daß wir sie daran zu verhindern versuchten. (...) Solche Nachlässigkeit gebiert Mitschuld und sollte bei uns nicht zu Scham führen, sondern dazu, daß wir versuchen, mehr über andere zu wissen und mehr für andere zu riskieren. Wer dazu unfähig ist oder unfähig war – wie Martin Walser in seiner frühen Jugend, als er nichts von der Judenverfolgung und der Verfolgung anderer Menschen wußte – und sich deswegen unschuldig an den Verbrechen der Nazis fühlt, der sollte nicht staunen, wenn jene, die eine Verantwortung für die Vergangenheit fühlen, nicht zulassen können, daß er sie des Gedenkens beraubt.*«[40]

Die Frage nach der angemessenen Form der Erinnerung kann

40 Wir sind die Wölfe, wir sind die Lämmer. Günter de Bruyn und Alexander Tisma zur Walserrede, FAZ vom 7.12.98.

sicherlich als der produktivste Anstoß der Walser-Debatte angesehen werden, wenngleich Walsers Vorschläge selbst auf ein Ende kollektiver Erinnerung hinauslaufen. Ihm geht es weniger um neue Formen des Erinnerns, als vielmehr um ein Ende der »*Dauerpräsentation unserer Schande.*« Seiner Klage, von den Medien unablässig mit der »*Schande*« konfrontiert und durch Beschuldigungen attackiert zu werden, so daß er ständig wegschauen müsse, wurde von vielen Diskutanten mit dem praktischen Vorschlag begegnet, doch die Fernbedienung zu benutzen und ein anderes Programm einzuschalten. Offensichtlich ging es Walser hier jedoch nicht nur um seinen persönlichen Seelenfrieden, sondern um den des nationalen Kollektivs insgesamt. Die Gleichsetzung seiner Gefühlslage mit der der Bevölkerung scheint jedoch etwas voreilig. Zurecht fragt Reich-Ranicki: »*wer die über sechs Millionen Zuschauer denn waren, die sich neulich, als im ersten Programm der erste Teil einer Dokumentation über die Waffen-SS ausgestrahlt wurde, eingeschaltet haben?*«[41] Auch die mediale Vermittlung von Vergangenheit findet nicht außerhalb der kapitalistischen Wettbewerbsstrukturen statt: mit anderen Worten, es gibt einen Markt für diese Erinnerung und der scheint nicht übersättigt zu sein.

Salomon Korn ging es in seinen Beiträgen zur Debatte um das tatsächlich vorhandene Dilemma, daß ein gemeinsames Gedenken von Opfer- und Täternachkommen nur schwer zu bewerkstelligen ist. Die bei Walser und Dohnanyi vorhandene Abwehr gegen die vermeintliche moralische Überlegenheit ersterer, wird von Korn als verständlicher Reflex gesehen: »*Es ist diese von Schuld losgelöste Einheit in der Negativität, die den überlebenden Opfern und ihren Nachfahren von vielen Täternachkommen*

41 FAZ vom 2.12.98.

geneidet wird.«[42] Auch hier scheint mir die rückwärtsgewandte Kategorie der »Schande« für das Verfehlen eines möglichen gemeinsamen Nenners der Erinnerung verantwortlich zu sein. Die Lehre aus der Vergangenheit muß in der Verantwortung für die Gegenwart und die Zukunft bestehen, und dies ist der Punkt, an dem sich die Erinnerung verbinden läßt.

Die von Walser beklagte Ritualisierung des Gedenkens läßt sich tatsächlich verzeichnen, die Frage ist nur, was die Alternative hierfür ist. Bei Walser besteht sie in einer Privatisierung der Erinnerung mit dem Ziel der Entlastung des nationalen Kollektivs von der Last der Vergangenheit. Auch Korn äußert diesen Verdacht: *»Die andere Frage ist, ob nicht über die Infragestellung der Formen des Gedenkens auf dessen Inhalt gezielt wird, und damit auf die historische Verantwortung, die dahinter steckt und die man als verantwortungsbewußter Demokrat übernehmen muß.«*[43] Demgegenüber komme es vielmehr darauf an, die vorhandenen Rituale, die als Struktur- und Ordnungselemente wichtig seien, mit Leben zu erfüllen.

Die »neue Normalität« und das »dröhnende Schweigen« der Politik

Der geschichtspolitische Inhalt der Debatte lag und liegt eindeutig in der Befreiung des nationalen Kollektivs von der Last der NS-Vergangenheit, womit sich der Vorstoß Walsers in die Versuche konservativer Geschichtspolitiker einreiht. Walsers Rede und

42 Salomon Korn: Es ist Zeit, FAZ vom 1.12.98.

43 Salomon Korn: »Es kommt darauf an, wie man Rituale mit Leben füllt«, Interview in: FR vom 11.12.98.

auch seine Äußerungen im Gespräch mit Bubis sind hier eindeutig. Die Privatisierung der Erinnerung hat genau die Funktion, das Kollektiv von der Vergangenheit zu befreien. Walser erscheint weniger als rechter politischer Stratege denn als Biedermann, der die Idylle der eigenen heimatlichen Geborgenheit ungebrochen auf das ganze Land übertragen und sich die als positiv empfundene eigene Vergangenheit nicht durch die Schrekken der faschistischen Vergangenheit verstellen lassen will. Hajo Funke und Lars Rensmann[44] interessieren sich in ihrem Beitrag genau für die vergangenheitspolitischen Implikationen der Walser-Debatte. Für sie betreibt Walser eine »*Wirklichkeits- und Geschichtsumdeutung*«, die alles, was in sein Bild von Deutschland nicht hineinpasse, verharmlose oder bestreite. »*Während er das Gewissen für die jeweils ganz eigene Sache eines jeden Menschen erklärt, verlagert er seine Gewissensproblematik auf das nationale Kollektiv und wird sich, wie er sagt, doch unbescholten wünschen dürfen, Teil eines 'ganz normalen Volkes' sein zu können. Damit bekundet er, daß er einen atemberaubenden Vorgang inszeniert: um das Gewissen zu entlassen, beschwört er den 'Volksgeist' des Wir-Kollektivs und weist jene ab, die anders fühlen. Wer ihn darauf hin kritisiert, wie der Vorsitzende des Zentralrats der Juden in Deutschland, Ignatz Bubis es getan hat, verläßt den in dieser Weise konstruierten nationalen Konsens.*«[45] Walser konstruiere damit ein kollektives Wir, das gegen ein anderes Kollektiv der »Nestbeschmutzer« stehe. Hauptprotagonist dieser Nestbeschmutzung seien laut Walser die Intellektuellen, die als Überbringer der schlechten Botschaft von ihm angegriffen werden.

---

44 Hajo Funke/Lars Rensmann: Friedensrede als Brandstiftung?, Der Tagesspiegel vom 13.12.98.

45 Ebd.

Auch Detlev Claussen sieht im »*Antiintellektualismus*« einen der Hauptinhalte der Walserschen Rede[46]. Die bei Walser und Dohnanyi anzutreffende negative Konstruktion des nationalen Kollektivs über den Begriff der gemeinsamen »Schande« nennt Claussen eine »*Nationalisierung des Holocaust*«, an der auch in den Medien gearbeitet werde. Gemeinsam sei fast allen Beiträgen der vorwiegend in der FAZ geführten Debatte »*eine gnadenlose 'Wir'-Rhetorik. Die leere Vokabel 'nationale Identität' weckt das Bedürfnis nach Inhalt, der in einer ziellosen Gesellschaft nur aus der Vergangenheit kommt.*«[47] Den Juden falle dabei die Rolle zu, den nichtjüdischen Deutschen das »*Wir-Gefühl*« zu geben, indem sie ebenfalls als Kollektiv und als andersartig wahrgenommen werden. In der Tat ernteten Walser und Dohnanyi nur wenig Widerspruch bei ihrer selbstverständlichen Verwendung des »Wir« für die Kennzeichnung der Gefühlslage »der« Deutschen. Claussen resümiert die Debatte folgendermaßen: »*Der Walser-Krach hat vollendet, was im Historikerstreit noch nicht gelang: Ein nationaler Diskursrahmen ist abgesteckt, in dem die ungleichen Parteien nach Herkunft aufgestellt werden. Die Abstammung wird für gegenwärtige Zwecke instrumentalisiert; Ignatz Bubis wird als der 'Andere' gebraucht, um den Alleinvertretungsanspruch der 'Wir'-Rhetoriker zu begründen.*«[48]

Die von Walser eingeklagte Normalität des deutschen Volkes ist es, die für Moshe Zuckermann[49] im Zentrum der Debatte steht und die über Walser und die aktuelle Kontroverse hinaus-

---

46 Detlev Claussen: Neue deutsche Versöhnung, in: Freitag vom 8.1.99.

47 Ebd.

48 Ebd.

49 Moshe Zuckermann: Von Erinnerungsnot und Ideologie, Der Tagesspiegel vom 28.11.98.

weist und den heutigen Zeitgeist kennzeichnet. Walsers »*Bedürfnis, unbeschwert sagen zu dürfen, 'die Deutschen seien jetzt ein normales Volk, eine gewöhnliche Gesellschaft', ohne gleich in einen bestimmten ideologischen Verdacht zu geraten, geht über das Persönliche hinaus. Daß man wieder wer ist hat sich im ökonomischen und politischen Bereich längst schon weltweit manifestiert. Gleichwohl ging die objektive Stärke mit vergangener Schuld und Schande einher. Man muß nicht germanophob sein, um sich verwundert zu fragen, was eigentlich so normal daran sei, daß eine Nation, die solches Grauen verursacht hat, sobald wieder dermaßen erstarkt ist. Solcher Verwunderung wird besonders nach der Vereinigung beider deutscher Staaten mit der Taktik des normalisierenden Bewußtseins begegnet: Man ist jetzt eben ein 'normales Volk', eine 'gewöhnliche Gesellschaft', positives Nationalgefühl steht einem wieder an – man fällt eben nicht mehr aus der Reihe.*«[50] Daß es sich hierbei – entgegen Frank Schirrmachers Ansicht, Walsers Nachdenken über Deutschland sei von »*keiner Ideologie angetrieben*« – dennoch um Ideologie handelt, steht für Zuckermann außer Frage: »*So gesehen, war Walsers Rede nicht nur ideologisch, sondern – gerade weil sie aus dem berufenen Munde einer eminenten Persönlichkeit anläßlich einer öffentlichen Ehrung kam – durchaus symptomatisch für die Ideologie eines momentanen 'Nachdenkens über Deutschland'. Daß dabei dem Nicht-vergehen-Wollen der Vergangenheit aus dem vorigen Jahrzehnt nun das Wegschauen vom Unerquicklichen nämlicher Vergangenheit folgt, ist vielleicht keine 'geistige Brandstiftung', aber den Zeitgeist widerspiegelt sie – ideologisch! – allemal.*«[51]

---

50 Ebd.

51 Ebd.

Ganz besonders beunruhigend in der Debatte war, daß der von Walser angestoßenen Normalisierungsdiskurs von politischer Seite nicht nur nicht konterkariert, sondern unterstützt wurde. Der Weg in die Berliner Republik scheint hier ebenfalls mit dem Bedürfnis verbunden zu sein, die Vergangenheit in ihrer Bedeutung für die Gegenwart nun endgültig hinter sich zu lassen. Interessanterweise ist es gerade die jüngere Generation der neuen rot-grünen Regierung, die diese Art der Normalisierung betreibt. Kein Politiker der Regierung äußerte sich zu der Auseinandersetzung zwischen Walser und Bubis, keinerlei Stellungnahme gegen Walsers Vorstoß war von hier zu vernehmen, so daß Sigrid Löffler in der »Zeit« vom »*dröhnenden Schweigen*« der Politik sprechen konnte. Der Wechsel der Generation hat für Werner A. Perger auch einen Wechsel der Blickrichtung mit sich gebracht und kennt jetzt nur noch eine von der Vergangenheit befreite Zukunft: »*Markiert darum der Wechsel von den Endsechzigern zu den Mittfünfzigern, von der HJ-Generation zu den 68ern einen Paradigmenwechsel im Verhältnis zur Geschichte? Rot-Grün als neue Regierung, die in fröhlicher Unbefangenheit vor der Jahrhundertwende den berüchtigten Schlußstrich zieht?*«[52]

Auch Christian Thomas' Vermutungen führen in die selbe Richtung: »*Kann es sein, daß auch der neuen Regierung insgeheim/ unausgesprochen der Wusch nach einem medialen Abschalten der 'Dauerrepräsentation unserer Schande' (Martin Walser) vorschwebt?*«[53] Nimmt man die vergangenheitspolitischen Handlungen und Äußerungen der neuen Regierung und vor allem des

52 Werner A. Perger: Wir Unbefangenen, Die Zeit vom 12.11.98.

53 Christian Thomas: Geselliger Umgang, FR vom17.12.98.

Kanzlers Schröder hinzu, dann drängt sich dieser Eindruck tatsächlich auf. In der Sendung »Talk im Turm« zu Walsers Aussage, Auschwitz diene als Moralkeule, gefragt, äußerte Schröder: »*Ich denke, ein Schriftsteller muß das sagen dürfen, der Bundeskanzler nicht*«[54], womit immerhin offen blieb, ob er dies bedauerte. Die neue Unbefangenheit ließ sich auch auf der politischen Bühne beobachten: Die Nichtteilnahme des Kanzlers an den Feiern zum 80. Jahrestag des Kriegsendes 1918 oder der von jeder Vergangenheit befreite Pragmatismus gegenüber Rußland und den Ländern Osteuropas zeigen, wohin die Reise geht. Die bereits erwähnte symptomatische Äußerung Schröders, zu einem Holocaust-Mahnmal müsse man gerne hingehen können, wurde durch seine sehr viel klarere Haltung in der Frage der Entschädigung von Zwangsarbeitern ergänzt. Hier äußerte der Chef einer rot-grünen Regierung unmißverständlich: »*Der deutsche Bundeskanzler muß in der Frage der Zwangsarbeiter die deutsche Industrie schützen*«[55], und sattelte mit der Forderung drauf, im Jahre 2000 müsse endlich Schluß sein mit Reparationsforderungen. Diese Aussagen und die ebenfalls bei »Talk im Turm« gemachte Äußerung des neuen Bundeskanzlers: »*Das Deutschland, das wir repräsentieren, wird unbefangen sein, in einem guten Sinne vielleicht sogar deutscher sein*«[56], lassen die Frage aufkommen, wie wohl in der Öffentlichkeit und auch in der SPD und bei den Grünen noch reagiert worden wäre, hätte Schröders Amtsvorgänger derartige Verlautbarungen abgegeben.

---

54 Zitiert nach Werner A. Perger, a.a.O.

55 Zitiert nach Blätter für deutsche und internationale Politik, 1/99.

56 Zitiert nach Werner A. Perger, a.a.O.

Mißverständnisse – Sprachprobleme

Die literarische Sprache, die einzige, die uns »*nichts verkaufen*« will, so Walser, hat anscheinend zu Mißverständnissen und Sprachproblemen geführt, die es den Verteidigern Walsers immer wieder als notwendig erscheinen ließen, dessen Anliegen zu erklären. Ganz im Unterschied zu Walser selbst allerdings, der im Gespräch mit Bubis darauf bestand, seine Rede sei nicht mißverstanden worden, womit er scheinbar auch Lesarten der Rede deckte, die so von seinen Anhängern nicht geteilt werden wollten. Für Malte Lehming und Harald Mertenstein war der ganze Streit gleich ein einziges »*Mißverständnis zwischen zwei älteren Herren*«[57] (Walser und Bubis), hervorgerufen durch Walsers »*literarisch(es)*« Sprechen und Bubis' »*konkretes*« Verstehen. Ebenfalls auf »Mißverständnissen«, diesmal aber wohl auf Seiten der zuständigen Redakteurin, beruhte die Bewertung der Walser-Rede im »Neuen Deutschland«. Unter der Überschrift »*Ach, lassen Sie doch Herrn Rainer Rupp gehen*«[58] wurde unter der Hand von Irmtraud Gutschke die Ansprache zu einem Appell für Gerechtigkeit im Umgang mit dem Osten und damit zu einem für das »Neue Deutschland« positiv besetzten Thema. Nachdem zwei Tage später klar geworden war, daß der Schwerpunkt der Rede wohl anders gelagert war, schwenkte Gutschke auf die Linie der Walserschen Medienschelte ein und machte die Medien für die Aufregungen und die heftigen Reaktionen verantwortlich[59]. So

57 Malte Lehming/Harald Martenstein: Das Ende eines Mißverständnisses, Der Tagesspiegel vom 15.12.98.

58 Irmtraud Gutschke: »Ach, lassen Sie doch Herrn Rainer Rupp gehen«, Neues Deutschland vom 12.10.98.

59 Vgl. Irmtraud Gutschke: Wie es den Medien recht ist, Neues Deutschland vom 14.10.98.

wie sich das ND zuvor schon für Autoren der Neuen Rechten geöffnet und die Sache der Nation zu der seinen gemachte hatte, so ist auch die Verteidigung Walsers in diesem Sinne folgerichtig. Neue Nachdenklichkeit wird hier offensichtlich mit der Apologie alter und neuer rechter Positionen verwechselt.

Mehr interpretierend versuchte Frank Schirrmacher, als Laudator Walsers einer der Mitbeteiligten, die rechte Lesart der Rede voranzutreiben. Eingehend auf Walsers Vortrag in Duisburg, wo dieser zu seiner Paulskirchenrede Stellung nahm, sieht Schirrmacher das Land seit Oktober in einer »*kollektiven Deutschstunde*« verharren. »*Man hat den Eindruck am Fuße des Turms von Babel zu sitzen. Walser erklärt seine Rede. Es wirkt, als wolle er Menschen, die die gemeinsame Sprache verloren haben, wieder die Grundlagen der Grammatik beibringen.*«[60] Es wirkt vielmehr so, als wolle Schirrmacher den doch sehr eindeutigen Gehalt der Rede so modifizieren, daß er annehmbarer und konsensstiftender wird. Johannes Willms hingegen sieht in Walsers Duisburger Auftritt eine vertane Chance für ein klärendes Wort. Sogar die Walser wohlgewogene Zeitung »Die Welt« bescheinige ihm, »*tief unterhalb seiner Möglichkeiten*« geblieben zu sein[61]. Tatsächlich schlug Walser in Duisburg den auch aus dem Gespräch mit Bubis bekannten rechthaberischen Ton an und kanzelte zunächst die ihm kritisch gegenüberstehenden Wissenschaftler der Universität ab. Sein Auftritt gipfelte in der Selbststilisierung als Sprachrohr und Befreier der durch die 'ständigen Beschuldigungen' unterdrückten Deutschen: »*Die tausend Briefe, die mich nach der Rede erreichten, sind erfreulich, Ausdruck einer einzigen Bewußtseinsregung. (...) Und doch haben alle gemeinsam,*

60 Frank Schirrmacher: Seelenarbeit, FAZ vom 28.11.98.

61 Vgl. Johannes Willms: Deutschland, ganz normal, SZ vom 1.12.98.

daß sie einer Rede zustimmen, in der öffentlich gesagt wurde, was jeder bisher nur gedacht oder gefühlt hat. Meine Rede wurde, das ist unübersehbar, befreiend empfunden. Das Gewissen befreiend.«[62] Auch hier konstruiert Walser ein nationales Kollektiv zu dessen Sprecher und Befreier er sich erklärt. Wer diese »*einzige Bewußtseinsregung*« nicht teilt, steht außerhalb dieses Kollektivs. Woher Walser weiß, daß das was er gesagt hat, »*jeder bisher nur gedacht oder gefühlt hat*«, wird wohl sein Geheimnis bleiben.

Walser erläutert den Begriff der »Schande«, der in der Debatte problematisiert wurde. »Scham« oder »Verbrechen« erscheinen ihm nicht geeignet, den Sachverhalt richtig zu bezeichnen: Scham stehe nicht für das Allgemeine, sondern für etwas Konkretes, weshalb Schande »*das Wort für die gesamte geschichtliche Last*« sei, wohingegen Scham »*für eine persönliche Reaktion auf diese Last stehe.*« [63] Monika Maron lobt Walser dafür, daß er die Schande annehme, die die Verbrechen ihm hinterlassen hätten, und dies vielleicht gerade deshalb, »*weil er nationaler empfindet als andere.*«[64] Diese Aussage veranlaßte Lothar Baier, sich einmal genauer mit dem Begriff der »Schande« zu befassen. Er gesteht, daß er nicht wisse, was das bedeute, »*die Schande annehmen*«, und sieht den Grund in der Unklarheit darüber, was Schande heute eigentlich bedeute. Anhand von Hebbels Drama *Maria Magdalena* versucht er den Bedeutungsinhalt des Begriffs zu klären und kommt zu folgendem Ergebnis: »*Die Schande zeichnet sich dadurch aus, daß sie durch das Vo-*

---

62 Martin Walser: Wovon zeugt die Schande, wenn nicht von Verbrechen, FAZ vom 28.11.98.

63 Ebd.

64 Monika Maron: Hat Walser zwei Reden gehalten?, Die Zeit vom 19.11.98.

lumen, das sie annimmt, indem sie von Mund zu Mund weitergereicht wird, den Anlaß vollkommen erdrücken kann, der sie auf den Weg brachte.«[65] Die Schande für das Haus oder die Familie könne mit dem Bewußtsein von Unschuld verknüpft sein und damit zur unverdienten Schande werden. Genauer befragt Baier nun Walsers Verwendung der »Schande«, die dieser in seiner Rede folgendermaßen darlegte: »*Jeder kennt unsere geschichtliche Last, die unvergängliche Schande, kein Tag, an dem sie uns nicht vorgehalten wird.*« Baier interpretiert diese Aussage, der er zunächst einmal Unklarheit unterstellt: »*Worin besteht nun 'unsere geschichtliche Last': mehr in dem, was Deutschland unter Hitler angerichtet hat, oder mehr in der 'unvergänglichen Schande'? Das ist schließlich zweierlei; der von Walser gewählte Satzbau läßt die Antwort bedeutungsvoll in der Schwebe. In dem Begriff der Schande, so wie Walser ihn verwendet, steckt wiederum eine bezeichnende Ambivalenz: indem das, was geschehen ist, als 'Schande' umschrieben wird, wird es unter der Hand als etwas Geschehenes und vor allem als etwas bestimmt verursachtes entwirklicht, denn an der Schande sind stets 'die anderen' mitbeteiligt, die nachreden und zuschreiben.*«[66] Hier werde Walser dann sehr viel deutlicher, sind es doch die Intellektuellen bei ihm, die »*uns*« die Schande vorhalten, um so selbst die Seite der Beschuldigten zu verlassen. Hierzu Baier: »*'Die Intellektuellen', wer auch immer damit im einzelnen gemeint sein mag, sind es also, die das Geschäft der Verewigung der 'Schande' betreiben, und zwar zu ganz eigennützigen Zwecken, nämlich zu ihre eigenen Entlastung durch imaginäre Opfernähe. Walser dagegen nimmt es mannhaft auf sich, das Ganze in all seiner*

65 Lothar Baier: Meister Anton und Walsers Schande, Freitag vom 11.12.98.

66 Ebd.

Schwere zu tragen. Doch was ist es, das er sich aufbürdet? Die Schande?«[67] Diese sei es gerade nicht, werde sie ihm doch von den Intellektuellen und »*Meinungssoldaten*« aufgebürdet. Im Gegensatz zu diesen habe er, Walser, nie geglaubt, die Seite »*der Beschuldigten*« verlassen zu können. Die Beschuldigten sind es also, zu denen Walser sich zählt, und beschuldigt werden heißt noch lange nicht schuldig sein. »*Ihm* [Walser, G.W.] *zufolge leidet das ganze deutsche Haus an der dauerrepräsentierten Schande; an dem, was aus diesem Haus heraus einmal angerichtet worden ist, leidet es nicht, wie soll es das auch, da es sich lediglich beschuldigt sieht und sich selbst nichts vorzuwerfen hat.*«[68]

Diese Interpretation der Walserschen Vergangenheitsdeutung trifft in der Tat einen dominierenden Zug des gegenwärtigen Verständnisses. Damit einher geht die Sichtweise der Deutschen als eigentliche Opfer der Vergangenheit, die bis heute mit der Beschuldigung leben müssen. Daß dieses Verständnis auf breite Zustimmung stößt, ist nicht verwunderlich, daß es von einem bekannten und sich ehemals als kritisch verstehenden Intellektuellen vorgebracht wird, schon eher. Daß es auf keinen breiten Widerstand trifft, vielmehr die stille Zustimmung der politischen Klasse findet, ist dagegen beunruhigend.

Reaktionen der extremen Rechten

Zu Beginn seiner Friedenspreisrede verweist Walser auf die geäußerte Freude vieler anläßlich der Ankündigung, er bekomme in diesem Jahr (1998) den Preis, und auf die damit verbundene

67 Ebd.

68 Ebd.

Erwartung auf eine kritische Rede in Frankfurt. Interessanterweise wurden Freude und Erwartung auch in den Publikationsorganen der Rechten und extremen Rechten kundgetan. So widmete das »Ostpreußenblatt« Walser bereits im August einen längeren Artikel, in dem es dessen ungebrochenes Verhältnis zur deutschen Nation lobte und dies, neben seinen Reden und Essays, gerade auch an seinen jüngeren literarischen Produktionen festmachte[69]. In der eindeutig rechtsextremen Zeitschrift »Nation und Europa« wurde Walser in der Juli/August Nummer kurz porträtiert und auf die bevorstehende Preisverleihung hingewiesen. In treffender Voraussicht heißt es abschließend: »*Auf die Feierstunde in Frankfurt darf man gespannt sein – insbesondere auf die Rede des Preisträgers. Eine Andacht für Zeitkonformisten ist kaum zu erwarten.*«[70]

Wie gerechtfertigt diese Erwartungen waren, und wie die Vermutung von Ignatz Bubis, die extreme Rechte werde die Rede Walsers für sich nutzen und diesen zum Kronzeugen für ihre Positionen machen, sich bestätigten, wurde umgehend deutlich. Fünf Tage nach der Rede machten sowohl die »Nationalzeitung« als auch die »Junge Freiheit« mit der Walser-Rede auf, wobei die »Junge Freiheit« gleich die gesamte Titelseite mit einem Foto Walsers und einem fett gedruckten Zitat aus der Rede füllte. Abgedruckt wurde hier, unter der Schlagzeile »*Ein ganz normales Volk*«, die für die vergangenheitspolitische Auffassung der extremen Rechten zentrale Passage von der »*Dauerrepräsentation unserer Schande*«, über die »*Moralkeule*«, bis hin zum »*normalen Volk*«[71]. Im Innenteil wurde die komplette Rede auf zwei

69 Vgl. Stefan Gellner: Ungebrochen zur deutschen Nation bekannt, Das Ostpreußenblatt vom 1.8.98.

70 Nation und Europa, Heft 7/8, Juli/August 1998, S. 80.

71 Vgl. Junge Freiheit vom 16.10.98.

Seiten abgedruckt und zusätzlich von zwei Artikeln kommentiert. Die »Nationalzeitung«, deren Leserschaft solch lange Artikel wohl nicht bewältigen kann, wurde mit einer Zusammenfassung der zentralen Passagen der Rede im Innenteil der Zeitung zufriedengestellt. Aufgemacht wurde mit der Überschrift: »*'Auschwitz als Moralkeule' Martin Walsers Tabu-Bruch*«[72]. Eine Woche später fragte die »Nationalzeitung« hoffnungsvoll: »*Auschwitz: Zerbricht das Tabu?*«[73], um dann ihre relativierenden Äußerungen zum Holocaust mit Zitaten aus der Walser-Rede zu garnieren. Volle Zustimmung findet Walser bei der »Nationalzeitung«, wenn er das geplante Holocaust-Mahnmal einen »*fußballfeldgroßen Alptraum*« nennt, wobei ergänzt wird, daß er sich mit der Größe leider vertan habe: »*Die mehr als 20 000 hierfür bestimmten Quadratmeter machen nämlich den Umfang nicht eines, sondern von drei Fußballfeldern aus. Doch auch dieser Vergleich hinkt, da der Wert auch von drei Fußballfeldern sich in aller Regel in Grenzen hält, ein einziger Quadratmeter der für das Holocaust-Denkmal bestimmten Fläche aber annähernd 80 000 Mark kostet. Der Boden dieses Kainsmals im innersten Zentrum der hochverschuldeten deutschen Hauptstadt ist rund 1,6 Milliarden Mark wert und brächte bei einem Verkauf diesen Betrag auch ein.*«[74]

Walsers Rede wird hier benutzt, um den in dieser Zeitung durchgängig vorhandenen manifesten Antisemitismus zu legitimieren. Juden tauchen hier immer im Zusammenhang mit Geld und zweifelhaften Geschäften auf, weshalb vom 'Spekulanten' und 'Schieber' Bubis die Rede ist und Michel Friedmans Fami-

72 Vgl. Nationalzeitung vom 16.10.98.

73 Vgl. Nationalzeitung vom 23.10.98.

74 Ebd.

lie als 'Pelzhändler' aus Galizien tituliert wird. Immer ist es hier 'der Jude', der den Deutschen das »*Kainsmal*« der Erinnerung aufdrückt. Um der strafrechtlichen Verfolgung der Holocaustleugnung zu entgehen, werden in der »Nationalzeitung« die Zahlen der Holocaustopfer beständig nach unten gerechnet, um so Zweifel am Geschehen überhaupt zu erwecken. Walser wird für diese hier ständig anzutreffenden Relativierungen nicht benötigt, die Rede eines »*weltberühmten Schriftstellers*« bietet sich allerdings als Bestätigung eigener Aussagen an.

Weiter wird die Walser-Rede als Ausdruck eines sich verändernden Klimas gewertet: »*Das geistige Klima im Nachkriegsdeutschland steht, was nicht mehr zu leugnen ist, vor einem epochalen Umbruch.*«[75] Als besonderer Beleg hierfür gilt der aggressive Ton Walsers gegenüber Bubis, der von der Nationalzeitung als Ende der 'Demut' gewertet wird. Bezogen auf Walsers Äußerung zu Bubis, in seinen Seelenfrieden lasse er sich auch von diesem nicht hineinreden, heißt es: »*Bei solchen Worten mögen dem Zentralratschef die Ohren geklungen haben. Auch hartnäckige Vergangenheitsbewältiger müssen angesichts des Tonfalls der Diskussion eingestehen, daß das Ende eines, wenn nicht des deutschen Tabus schlechthin unmittelbar bevorsteht. Die Auseinandersetzung um Auschwitz und die jüngere deutsche Vergangenheit nimmt unversehens Züge einer geistigen Reformation an, und Martin Walser reklamiert als neuer Luther die Gewissensfreiheit für die Deutschen. Für diese Debatte war es höchste Zeit. Für die seit 1945 in Deutschland herrschende Geschichtsschreibung bedeutet sie den Anfang vom Ende.*«[76]

---

75 Nationalzeitung vom 25.12.98.

76 Ebd.

Gegenüber einem Blatt wie der »Nationalzeitung« ist es für die »Junge Freiheit« wahrlich nicht schwer, sich als intellektuelle Speerspitze der Rechten auszugeben. Holocaustrelativierung ist hier nicht das Thema, und Antisemitismus pflegt man in einer intellektuell anspruchsvollen Art. Klaus Hornung, ehemaliger Hochschullehrer für Politikwissenschaft in Stuttgart, kommentierte als erster die Rede Walsers in der »Jungen Freiheit«: gewertet wird sie hier als Befreiung vom *»selbstgerechten Tugendterror«*[77], der von Intellektuellen und Medien ausgeübt werde. Hornung ist damit sehr nahe am Anliegen Walsers, die *»Meinungssoldaten«* in den Hintergrund zu drängen. Walsers Klage, ständig von Beschuldigungen umgeben zu sein, trifft sich mit der von der Neuen Rechten generell vertretenen Ansicht vom linken Meinungsterror in Deutschland. Hier wie dort wird der Gestus der eigenen Marginalität und der linken Hegemonie geübt, weshalb Hornung in bezug auf das Publikum der Paulskirche vom *»Unbehagen auf manchen Gesichtern«*[78] spricht, souverän die Tatsache der großen Zustimmung zu Walser dort ignorierend.

Als zweiten Kommentator Walsers bot die »Junge Freiheit« den ehemaligen RAF-Anwalt und Sympathisanten Horst Mahler auf, mittlerweile ständiger Autor, der mittels eines verquast pseudophilosophischen Artikels einige neurechte Ressentiments von sich gab. Zunächst bescheinigt er Walser *»bisher Unsichtbares sichtbar«* gemacht zu haben: *»die moralische Weltanschauung als geistiges Besatzungsregime.«*[79] Dieses Besatzungsregime habe nur anfänglich militärische Mittel bedurft, sei dann jedoch durch

77 Klaus Hornung: Inneres Gewissen, Junge Freiheit vom 16.10.98.

78 Ebd.

79 Horst Mahler: Annahme und Bewährung, Junge Freiheit vom 16.10.98.

»*kollaborationswillige Intellektuelle abgelöst*«[80] worden. Die Walserschen »*Meinungssoldaten*« erscheinen also bei Mahler als Truppen der (geistigen) Besatzer – eine uralte Frontstellung der Neuen Rechten. Ziel von Mahlers Angriffen ist die »*moralische Weltanschauung*«, die von diesen Intellektuellen vertreten werde, und die eine »*ernsthafte Macht*« sei, durch die besonders die Deutschen gebändigt worden seien. Im pseudophilosophischen Diskurs auf Hegel und den »*absoluten Geist*«, wird diesem die moralische Weltanschauung gegenüber gestellt, die es zu überwinden gelte. Die Verbrechen des Jahrhunderts werden von Mahler ihrem historischen Zusammenhang entrissen und der negativen Seite des »*absoluten Geistes*«, der auf Aufklärung und Moral basiere, zugeschlagen. So erscheinen Holocaust, Gulag und Hiroshima als Taten eines Zusammenhangs, ausgehend vom Terror der Französischen Revolution. Auch hier sind alle Ingredienzen neurechter Weltanschauung vorhanden, wie sie von Nolte und auch Hornung immer wieder aufbereitet werden. Daß die Juden bei Mahler als 'das Andere', welches der 'negativ absolute Geist' nur zu vernichten weiß, dargestellt werden, ist hier nur folgerichtig. Noch deutlicher wird Mahler in einem offenen Brief an Bubis, abgedruckt in der »Jungen Freiheit« vom 4.12.98. Als Verdienst müsse es Walser angerechnet werden, die »*tiefverwurzelten antijüdischen Ressentiments*«, die im christlichen Abendland auch heute noch vorhanden sein, freigelegt zu haben. Der Holocaust habe den Deutschen nur »*den Mund verschlossen und uns zu Heuchlern gemacht.*«[81] Über diesen 'Antijudaismus' müsse man frei reden können: »*Schon der Anspruch der Juden, daß von Gott auserwählte Volk zu sein, ist notwendig begleitet von*

80 Ebd.

81 Host Mahler: »Geben Sie Gedankenfreiheit«, Junge Freiheit vom 4.12.98.

Ablehnung der Juden durch die anderen Völker, die sich nach der jüdischen Lehre als 'nicht auserwählt' begreifen müssen. Darüber muß man frei reden dürfen.«[82]

Von Thorsten Thaler werden die Versuche namentlich Bubis' beklagt, die von Walser aufgeworfenen Fragen zu tabuisieren. Dennoch gelangt er zu einer insgesamt positiven Einschätzung der Rede: »*Allen Klagen zum Trotz: Für das freiheitliche Selbstverständnis der im Werden begriffenen Berliner Republik sind diese deutlichen Zurückweisungen des gewollten Mißverstehens der Walser-Rede durch den Vorsitzenden des Zentralrats der Juden in Deutschland ein Glücksfall. Daß Ignatz Bubis, der am vergangenen Wochenende in London auch zum Präsidenten des European Jewish Congress gewählt wurde, sich mit seiner öffentlichen Verleumdung nicht behaupten konnte, nährt die Hoffnung auf das Entstehen eben jenes nationalen Selbstbewußtseins, mit dem die Deutschen sich in Erinnerung ihrer historischen Verantwortung wieder als 'ein ganz normales Volk' (Walser) begreifen können.*«[83] Auch hier, ähnlich wie bei Walser, Dohnanyi und Augstein, wird das Selbstbewußtsein der Deutschen bisher durch die Juden behindert, deren Macht von Thaler noch mal mit der auch internationalen Funktion Bubis' untermauert wird. Ebenso wie in der »Nationalzeitung« wird die Walser-Debatte als Ausdruck eines sich wandelnden Vergangenheitsbildes gedeutet: »*An der Schwelle zur 'Berliner Republik' und im Anzug des neuen Jahrtausends ist spürbar, daß die Vergangenheit im Begriff ist, zu vergehen.*«[84]

82 Ebd.

83 Thorsten Thaler: Gewolltes Mißverstehen, Junge Freiheit vom 23.10.98.

84 Frank Michael: Vergehende Vergangenheit, Junge Freiheit vom 13.11.98.

Für Werner Olles zerstörte der Völkermord »*nicht nur die Juden, sondern auch die Deutschen als Volk und Nation*«[85], womit der bei Walser u.a. eingeklagte Opferstatus und das Ziel der nationalen Wiedergeburt bezeichnet sind. Ebenfalls in der »Jungen Freiheit« findet sich die schon von Dohnanyi und Walser aufgestellte Behauptung, die Juden könnten als Opfer nicht objektiv über den Holocaust reden. Ein Baal Müller läßt sich hierzu folgendermaßen vernehmen: »*Ignatz Bubis – das muß ausdrücklich festgestellt werden – gehört zu den persönlich Betroffenen. Es ist daher verständlich, wenn auch wenig hilfreich, daß er im Gespräch mit Walser von ermordeten Familienangehörigen spricht.*«[86] Ja, was haben eigentlich ermordete Juden mit dem Sprechen über den Holocaust zu tun? Bubis »*Unverständnis*« sei das »*Unverständnis eines Betroffenen, der selbst zugibt, nur ein Buch über den Nationalsozialismus gelesen zu haben*«[87]. Bei solchen Äußerungen wird ersichtlich, wie tief das Ressentiment gegen die Juden als Opfer des Holocaust verankert ist. Walser wird hier nicht verbogen oder benutzt, seine Äußerungen werden lediglich zugespitzt und in das ohnehin vorhandene Arumentationsmuster einer Neuen Rechten eingepaßt, die mit Walser die Sehnsucht nach der selbstbewußten Nation teilt.

Martin Walsers Fiedenspreisrede, soviel läßt sich mit Sicherheit sagen, markiert eine deutliche Zäsur auf dem Gebiet der Vergangenheitspolitik. Ihr Stellenwert liegt auf einer vergleichbaren Linie wie der Historikerstreit von 1986. Der vergangenheitspolitische Diskurs hat durch Walsers Intervention einen deutlichen Schwenk nach rechts genommen, hin zur neuen Normali-

85 Werner Olles: Eine deutsche Debatte, Junge Freiheit vom 4.12.98.

86 Baal Müller: Gewissen braucht Sprache, Junge Freiheit vom 18.12.98.

87 Ebd.

tät einer selbstbewußten Nation, die ihre nationalen Interessen wieder offensiv vertritt und auf die Bühne der Weltgeschichte zurückkehrt. Der Weg in die vielbeschworene Berliner Republik bedingt im Verständnis der Eliten offensichtlich eine deutliche Distanzierung von der Erinnerung an die NS-Vergangenheit. Walser hat hierzu einen Beitrag geliefert, wenngleich er sicherlich nicht der Protagonist dieser Bewegung ist. In seiner Rede zeigt sich vielmehr eine weitverbreitete Stimmung, die nicht zuletzt durch die konservative Geschichtspolitik der letzten sechzehn Jahre geprägt ist. Das Frohlocken der extremen Rechten, daß die Vergangenheit nun endlich vergehe, ist angesichts der politischen Reaktionen auf die Debatte nur zu verständlich. Viele der von Walser beschworenen »*Meinungssoldaten*« waren leider nicht zu vernehmen, und auch dies ist ein Ausweis für den sich wandelnden Zeitgeist. Ignatz Bubis begründete seine heftige Reaktion auf die Rede damit, daß Walsers Aussagen einen nationalistischen Schwenk der Intellektuellen in Deutschland anzeigen könnten, worin er einen qualitativen Sprung sehe. Die weitgehende Isolierung Bubis' in der Debatte zeigen, daß für diese Vermutung aller Anlaß besteht.

Kai Köhler

Die poetische Nation

Zu Martin Walsers Friedenspreisrede und seinen neueren Romanen

Der öffentliche Streit über Martin Walsers Friedenspreisrede bezog sich vor allem auf einzelne Formulierungen wie die von der »Instrumentalisierung unserer Schande« oder von Auschwitz, das als »Moralkeule« eingesetzt werde. Die Gesamtkonzeption des Vortrags geriet kaum in den Blick. Es konnte daher so scheinen, als habe Walser mit seiner Warnung vor »Meinungssoldaten«, die für ihren Zweck brauchbare Zitate ungeachtet des literarischen Zusammenhangs einsetzen, sogar die Reaktion auf seine Rede schon bedacht und geschildert. Deshalb soll hier zunächst eine Analyse des gesamten Textes geleistet werden; nur so sind die umstrittenen Aussagen angemessen zu werten.

Ein möglicher Einwand gegen dieses Vorgehen könnte sich auf die Textgattung beziehen: Die Rede ist vor allem für den mündlichen Vortrag bestimmt, und einem Hörer ist der bewußte Nachvollzug einer so komplexen Struktur, wie sie sich zeigen wird, kaum möglich. Deshalb erfasse eine Kritik an einzelnen, provokativen Passagen die tatsächliche Wirkung der Rede genauer als ein Urteil, das auf einer nachträglichen, mehrfachen Lektüre beruht. Jedoch vermögen rhetorische Mittel zu wirken, ohne daß sich das Publikum ihrer bewußt wird. Auch deutet manches darauf hin, daß Walser, der nach eigenen Worten »vor Kühnheit zitternd« sprach, sich des Konfliktpotentials der Rede bewußt war; der Text dürfte deshalb auch auf die Auseinandersetzung, die er hervorrief, und auf eine verbreitete Lektüre hin geschrieben worden sein.

Die Darlegungen setzen ein mit einer weitgehend immanenten Textanalyse (Teil I). Ziel ist indessen keine literarische Bewertung; da Walser sowohl beim Paulskirchenpublikum als auch in der weiteren Öffentlichkeit vielfach auf Zustimmung stieß, dürfte die Struktur, die sich als Ergebnis zeigt, stellvertretend für eine verbreitete Denkhaltung stehen. Die Ergebnisse der Analyse werden dann bezogen auf Walsers Romane der neunziger Jahre (Teil II). Da Walsers Nationalkonzept aus der dichterischen Sprache abgeleitet ist, sind seine wichtigsten Aspekte nur so zu erfassen. Ein kurzes Fazit faßt dieses Konzept zusammen. (Teil III)

I

Der Titel des Vortrags läßt nichts Skandalöses vermuten: »Erfahrungen beim Verfassen einer Sonntagsrede«.[1] Die Überschrift schon soll den Verfasser als skrupulösen Dichter ausweisen, der nicht vorgefaßte Positionen verkündet, sondern reflektierend im Schreibprozeß sich sowohl der Realität wie auch der eigenen Person, die diese Realität erfährt, vergewissert. Die ersten beiden Blöcke der Rede, die Walsers eigene Wahrnehmungsweise

1 Zitiert wird nach dem Sonderdruck: Martin Walser, Erfahrungen beim Verfassen einer Sonntagsrede. Friedenspreis des Deutschen Buchhandels 1998. Mit einer Laudatio von Frank Schirrmacher. Frankfurt am Main 1998. Der Redetext ist hier, abweichend von der Absatzgliederung in einer früheren Zeitungsveröffentlichung (Frankfurter Rundschau vom 12.10.1998, S. 10), in Blöcke geteilt, die den Verlauf der Darlegungen klarer hervortreten lassen. In der Frankfurter Allgemeinen Zeitung (12.10.1998, S. 15) ist die Absatzgliederung korrekt; ob die provokative Überschrift »Von der Banalität des Guten« von der Redaktion gewählt wurde, bliebe zu eruieren. Im Text ist die Rede zitiert mit dem Kürzel W und Seitenzahl.

mit den Erwartungen der Öffentlichkeit konfrontieren, sind deshalb nur scheinbar eine umständliche Einleitung, die den Weg zum Politischen verstellen.

Erwartet werde, so Walser, eine »Sonntagsrede«, eine »kritische Predigt«, die die Medien einige Tage beschäftigen würde. (W 9) Seine erste »Empfindung« (W 9) dagegen war es, sich dem Austausch von Meinung und Kritik zu entziehen und »fünfundzwanzig oder gar dreißig Minuten lang nur Schönes [zu] sagen, das heißt Wohltuendes, Belebendes, Friedenspreismäßiges.« (W 10) Der ironische Beiklang des letzten Attributs indessen deutet schon an, daß Walser zwar darauf beharrt, sich der Konvention zu entziehen; dennoch weiß er, daß unvermittelter Eskapismus nicht möglich ist, daß er sein »Potpourri des Schönen hätte rechtfertigen müssen.« (W 10)

Walser hat sich so ein Muster geschaffen, das er im Verlauf der Rede mehrfach verwenden wird. Er ist zunächst im Dilemma jedes Kritikers an einer Meinungsindustrie der Medien: Gehört wird er nur, wenn er seine kritische Meinung in der verabscheuten Öffentlichkeit plaziert und sie ihren Diskussionsmechanismen aussetzt. Ohne merkliches Bewußtsein dieser Paradoxie hat etwa Botho Strauß seinen auch medienkritischen *Bocksgesang*-Essay zuerst im *Spiegel* abdrucken lassen und wurde schon deshalb angreifbar. Walser dagegen konstruiert sich eine Position, die es ihm ermöglicht, zwischen Teilnahme am tagespolitischen Meinungstreit und dichterischer Erfahrung zu changieren. Selbst einzelne Sätze bleiben häufig in der Schwebe zwischen beidem und entziehen sich so, ohne an politischer Wirkkraft einzubüßen, der an der einzelnen Sachaussage orientierten Kritik.

Wie das geht, zeigt Walser in den Sätzen, die an das vorige Zitat anschließen. Er entwirft eine einstweilen noch aufs Individuelle zielende Psychoökonomie des Wegsehens: »Ich verschließe mich Übeln, an deren Behebung ich nicht mitwirken kann.

Ich habe lernen müssen wegzuschauen. [...] Ich finde, meine Reaktion sei verhältnismäßig. Unerträgliches muß ich nicht ertragen können. Auch im Wegdenken bin ich geübt. An der Disqualifizierung des Verdrängens kann ich mich nicht beteiligen.« (W 10f.) Alle diese Sätze sind noch durch das Irrealis des »hätte rechtfertigen müssen« gefärbt. Walser hält ja nicht die imaginierte Rede, die nur Schönes vorführte, sondern spricht darüber, wie das Unerträgliche zu überstehen sei. Gleichzeitig aber mobilisiert er Zustimmung zu den Aussagen, die vorgeblich nur in einem nicht eingetretenen Fall hätten gesprochen werden müssen – wer etwa wollte ihm zumuten, Unerträgliches zu ertragen!

Folgerichtig mündet der zweite Block in eine Passage, die bereits individuelle Wahrnehmung und gesellschaftliche Forderung zusammenbringt: »Ich bin auch nicht der Ansicht, daß alles gesühnt werden muß. In einer Welt, in der alles gesühnt werden müßte, könnte ich nicht leben.« (W 11) Schon durch die Redezeit, die seit Beginn der Passage vergangen sein muß, ist dies kaum mehr als die Rechtfertigung einer nie geschriebenen Rede zu verstehen. Zudem ist die Aussage als »Ansicht« des Redners gekennzeichnet.

Kaum ist hier von einer Argumentation zu sprechen. Walser suggeriert seine Position; Begründungen finden sich vereinzelt, nicht aber an Schlüsselpunkten der Rede. Das ist üblich, ein Festvortrag ist keine wissenschaftliche Darlegung. Der spezifische Sprachgestus, der diese Rede prägt, sollte als erstes Ergebnis dennoch festgehalten werden: Walsers Auskunft am Ende seiner Rede, er liefere sich der Sprache aus, überlasse ihr die Zügel, egal, wohin sie ihn führe (W 27), dürfte aller Planung der Rede entgegen zutreffen. Der Status seiner Aussagen oszilliert zwischen individueller Vorstellung und allgemeingültiger Forderung; die »Erfahrungen«, die der Titel ankündigt, sind Empfindungen. Der beobachtend distanzierte Blick fehlt in dieser Erfahrungs- und Sprachwelt. Wohl kann Walser den Standpunkt distanzierender Ironie gegenüber dem eigenen Unterfangen einnehmen – wobei die Ironie nie so weit geht, daß seine eigene Position ernsthaft in Frage gestellt würde. Doch droht das Unerträgliche von Außen mit Überwältigung. Deshalb bleiben nur das Wegsehen oder die Verurteilung, gibt es nur eine Welt, in der sich Walser auf sein eigenes Ich zurückzieht, oder aber das Gegenteil, eine Welt, in der »alles gesühnt« wird.

Es folgt, als dritter Block, ein Gnadenappell. Der »idealistisch-sozialistische Weltverbesserer« (W 11), der als Spion für die DDR arbeitete und nun in einem Gefängnis des vereinten Deutschland sitzt, soll freikommen. Indem der Abschnitt daran anknüpft, daß nicht alles gesühnt werden könne, gehört er zum Bereich der individuellen Erfahrung Walsers. Diese ist mit dem Motiv des Nationalen verbunden, das in der Rede hier zum ersten Mal auftaucht: Vor der Vereinigung Deutschlands wäre der Gefangene ausgetauscht worden, heute gibt es niemanden mehr, der ihn befreien wollte: »Dieser Gefangene büßt also die deutsche Einigung.« (W 12)

Der Appell ist ernst gemeint – in den Schlußsätzen seiner Rede kommt Walser auf ihn zurück. (W 28) Dennoch hat der Abschnitt wohl vor allem eine formale Funktion: Indem er die »vorhersehbare Wirkungslosigkeit« des Engagements, das »peinlich« zu werden droht (W 13), thematisiert, nimmt Walser seine Position erneut ironisch zurück. Noch die eigene Kritik an der Behandlung des Agenten durch die Mächtigen gerät in die Nähe der »kritische[n] Sonntagsrede«, auf die die Öffentlichkeit wartet, um sie sogleich wieder zu vergessen.

Walser bereitet sich hier eine Position vorgeblicher Schwäche vor: Er stellt sich als machtlosen Mahner vor, der keine ernsthafte Gefahr darstellt. So kann er Angriffe gut gedeckt vortragen. Den ersten richtet er sogleich, im vierten Textblock, gegen diejenigen Intellektuellen, die weniger zurückhaltend Kritik üben. Walser greift eine »Formel« auf, der zufolge die von ihm Angegriffenen »zu Hütern oder Treuhändern des Gewissens« würden; Gewissen aber sei nicht delegierbar. (W 13) Sprachkritik an der selbstgewählten Formel ersetzt hier eine Argumentation in der Sache selbst: Die Sonntagsredner, die Walser nicht mag, können ja das Gewissen ihrer Zuhörer ansprechen, sie können aber auch gesellschaftlich relevante Beobachtungen mitteilen. Gerade letzteres nun kommt bei Walser nicht vor: Wie schon im zweiten Abschnitt, in dem er nur die Alternative zwischen Wegschauen und allumfassender Sühne kannte, ist hier politische Kritik nur als moralische vorgestellt. Die umfassende Moralisierung jeder Diskussion wird zur Grundlage dafür, moralischer Kritik überhaupt den Boden zu entziehen. Gegen die Gesellschaftskritiker nämlich richtet Walser die Forderung, »etwas, was man einem anderen sagt, mindestens genauso zu sich selber sagen. Den Anschein vermeiden, man wisse etwas besser.« (W 14)

An diesem Punkt wird deutlich, weshalb die Reflexionen über die öffentlichen Erwartungen an die Rede und weshalb der kritische Einwand gegen die fortdauernde Inhaftierung eines Agenten und seine scheinbar selbstkritische Rücknahme notwendig waren: Sie ermöglichen es Walser, Kritik an jeder Kritik zu üben, ohne den naheliegenden Einwand zu provozieren, er sei ja selbst ein Kritiker, der es besser zu wissen vorgebe. Walser inszeniert Selbstkritik, um der eigenen Forderung entgegen ungestraft den Eindruck erwecken zu können, er wisse es besser.

Was abstrakte Reflexion über die Funktionsweise des öffentlichen Gewissens schien, ist im fünften Textblock konkretisiert. Als Beispiele für das, was zur »Gewissensproblematik dieser Epoche« gemacht worden sei, führt Walser zwei Äußerungen an. »Ein wirklich bedeutender Denker« sieht den Rechtsextremismus in enger Verbindung mit der politischen Mitte der Bevölkerung und der politischen Führung, und ein »ebenso bedeutender Dichter« meint sich in einem beliebigen Salzburger Restaurant von potentiellen Massenmördern umgeben. (W 14f.) Diese Intellektuellen, »beide wirklich gleich seriös«, sind mit einer Fülle ironischer Attribute versehen. Sie stehen für eine Gruppe ebenfalls »ganz und gar seriöse[r] Geistes- und Sprachgrößen« und sind gleichzeitig »Gewissensgrößen«. Die scheinbare Selbstkritik Walsers, es liege an seiner mangelnden Wahrnehmungsfähigkeit oder einem »leicht einzuschläfernden Gewissen«, wenn ihm sich die Realität anders darstelle, hat nur rhetorische Funktion. Der Block schließt nämlich mit der Beschuldigung, die Gesellschaftskritiker verführen unredlich, indem sie der Realität keine Beachtung schenkten: »Und wenn eine Beschuldigung weit genug geht, ist sie an sich schon schlagend, ein Beweis erübrigt sich da.« (W 15)

Anhand zweier Zitate, die für die Diskussion der »Epoche« überhaupt stehen sollen, reduziert Walser also erneut Gesellschaftskritik auf Moralkritik. Sein Gegner entzieht sich der Faßlichkeit. Denker und Dichter sind namenlos, Repräsentanten einer Schicht, die »Jahr für Jahr solche in beliebiger Zahl zitierbare Äußerungen« hervorbringt. Diese verfügt über ein beträchtliches Drohpotential, über die Fähigkeit, mit beliebigen Beschuldigungen denjenigen einzuchüchtern, der auf der eigenen Wahrnehmung zu bestehen wagt. Walser situiert damit seine Rede in einem Machtfeld, in dem die Verweigerung der vorgeschriebenen Kritik einer Kritik gleichkommt.

So sind die beiden Blöcke vorbereitet, die als die Schlüsselpassagen der Rede gelten können. Walser kündigt eine Selbstkritik an, und zwar daran, daß er sich der erwarteten Empörung entzieht, wenn wieder einmal ein Intellektueller sich über die deutsche Bevölkerung empört. Die Behauptung, »selbstkritisch«

zu werden, erfüllt einmal für die unaufmerksamen Zuhörer die zuvor gestellte Anforderung, Kritik nie nur gegen andere zu formulieren – obgleich in den folgenden Abschnitten genau dies geschieht. Zum anderen nimmt Walser in einer erneuten ironischen Wendung die Perspektive der angeblich Mächtigen ein und deutet so bereits an, daß zukünftig er ein Opfer sein könnte.[2] Das legitimiert die folgenden Wendungen.

Walser geht von einem »Denker« aus, der unter anderem von Würstchenbuden berichtete, deren Inhaber ihre Geschäfte vor brennenden Asylbewerberheimen betreiben.[3] Darüber nun kann Walser nicht empört sein; statt dessen deutet er Unglauben an: »Und ich muß zugeben, daß ich mir das, wenn ich es nicht in der intellektuell maßgeblichen Wochenzeitung und unter einem verehrungswürdigen Namen läse, nicht vorstellen könnte.« (W 16) Der Satz ist im Konditional formuliert: Die Zeitung jedoch ist maßgeblich, und der Name verehrungswürdig. Der Sprachgestus dementiert nun, was Walser auf der Inhaltsebene noch zu-

2 Das Angebot, sich als Opfer zu präsentieren, erwies sich als attraktiv und verführte zu offenkundigem Unsinn. Monika Maron behauptete: »Auch ich zittere jetzt ein wenig, jetzt, da ich ihn verteidige. Wo lebe ich, daß ich mich fürchte zu sagen, was ich denke?« (Monika Maron, Hat Walser zwei Reden gehalten? In: Die Zeit, 19.11.1998, S. 1) Man könnte sich kopfschüttelnd von Personen abwenden, die, mit Literaturpreisen überhäuft, durch ihre Reden Applaus einheimsen, in den wichtigsten Zeitungen publizieren und sich immer noch als verfolgte Minderheit präsentieren. Da sie dies jedoch tun können, ohne ausgelacht zu werden, verweist das Phänomen auf eine sozialpsychologische Disposition mit hohem Aggressionswert, die einmal eine genaue Untersuchung verdiente.

3 Der Autor wurde in der Debatte als Jürgen Habermas identifiziert – doch tritt ein solches Detail, das beim eingeweihten Teil des Publikums Aufmerksamkeit erwecken mag, zurück hinter der Technik, den Feind als anonyme Macht hinzustellen.

gesteht: Die Wochenzeitung ist »tausend edle Meilen von der Bildzeitung« entfernt, also wohl vor allem als moralisch selbstgerecht zu bewerten. Sie arbeitet, um zentrale Inhalte auch für den flüchtigen Leser zu markieren, mit »Extraschaudruckkästchen«, in denen die »Wörter des Denkers« zu »besichtigen« sind. (W 16) Der Zeitung also, so wird suggeriert, geht es um das Marketing skandalträchtiger Schlagzeilen, und der Denker bringt nicht andere dazu, zu denken, sondern verführt zum stumpfen Nachvollzug primitiver Gemeinplätze.

Im folgenden Abschnitt geht Walser noch einen Schritt weiter. Er gibt zu, daß er »solche Aussagen« nicht bestreiten kann – genausowenig aber könne er ihnen zustimmen: »Ich kann diese Schmerz erzeugenden Sätze, die ich weder unterstützen noch bestreiten kann, einfach nicht glauben. Es geht sozusagen über meine moralisch-politische Phantasie hinaus, das, was da gesagt wird, für wahr zu halten.« (W 16) Indem Walser an sein zuvor geäußertes Geständnis anknüpft, Unerträgliches nicht ertragen zu können, hält er an der Verteidigungslinie fest, seine eigene, unter keinen Umständen zu hinterfragende Erfahrung zwinge ihn zu seiner Reaktion. Trat jedoch zuvor Walser als Verteidiger der Realität gegen die antinationalen Ideologen auf, so verändert hier die Erfahrungsweise den Realitätsstatus dessen, wovon der Blick abgewendet wird.

Dies zeigen die folgenden Sätze: »Bei mir stellt sich eine unbeweisbare Ahnung ein: Die, die mit solchen Sätzen auftreten, wollen uns weh tun, weil sie finden, wir haben das verdient. Wahrscheinlich wollen sie auch sich selber verletzen. Aber uns auch. Mit einer Einschränkung: alle Deutschen.« (W 16f.)

In einem ersten Schritt enzog sich Walser der Frage, ob etwa Würstchenbuden die Angreifer und begeisterten Schaulustigen vor den Asylbewerberheimen versorgten. Statt dessen wurde sein Empfinden zum einzigen Maßstab, was wahr sei. Ist so die Realität beiseite geschafft, müssen diejenigen, die immer noch auf sie hinweisen, als Störenfriede erscheinen. Das Aggressionspotential, das der vorgeblichen Empfindsamkeit innewohnt, zeigt sich in einer zweiten Verschiebung, die diese Passage beinhaltet: Der einsame Denker Walser, der öffentlich seine Unzugehörigkeit reflektierte, wird zu einem »uns«, das sogleich als nationales Kollektiv vorgestellt ist. Der Sprecher tritt von hier an als Repräsentant einer schweigenden Mehrheit auf, die innerhalb der kritiksüchtigen Öffentlichkeit nur als Opfer vorhanden ist.[4]

Die Opposition, die Walser zwischen einem »sie« und einem »uns« aufbaut, läßt nur den Schluß zu, daß, wer die Empfindungen dieser Mehrheit verletzt, sich selbst außerhalb des Volkes stellt. Über die Motive derer, die dies täten, schreibt Walser wenig; ohnehin genügen eine »unbeweisbare Ahnung« und die Andeutung, die Kritiker seien von einem wenig reflektierten Sadomasochismus besessen. Wichtig ist hier allein, daß ihre möglichen Argumente jeder Diskussion entzogen sind.

Freilich ist dieser Übergang vom Ich zum nationalen Wir innerhalb des Walserschen Modells problematisch. Mit der Außenwelt fällt jede Möglichkeit geschichtlicher Begründung eines Volkes weg. Völkische Biologie kommt bei Walser nicht vor. Die kollektive Existenz müßte durch ein gemeinsames Fühlen garantiert werden, das Walser in kühner Verallgemeinerung dem eigenen Empfinden gleichsetzt. Diese Möglichkeit aber ist allein schon durch die intellektuellen Kritiker, auf die Walser obsessiv zu sprechen kommt, widerlegt. Diese Denker sind nicht einfach Verräter; durch ihr Vorhandensein stellen sie erst die fühlende Gemeinschaft, die ein Volk ist, her. Das erinnert einerseits

4 Zur Entrealisierung und Opferideologie vgl. Matthias Küntzel, Normalität und Wahn. In: konkret 2/1999, S. 16-19, hier S. 16f.

an Carl Schmitt, für den die Feinderklärung die zentrale Kategorie des Politischen ist.[5] Andererseits argumentiert Schmitt vor allem als Staatstheoretiker; der Staat spielt bei Walser dagegen überhaupt keine Rolle. Hier zeigt sich eine Unschärfe, die für Walsers Volksbegriff zentrale Bedeutung hat. Darauf ist zurückzukommen.

Daß der Völkermord an den Juden, auf den Walser im nächsten Textblock zu sprechen kommt, als »Schande« gilt, ist konsequent. Von Verbrechen zu reden, lenkte auf eine Realität zurück, die außerhalb des Bewußtseins des Walserschen Volkes existierte. Die Bezeichnung als »Schande« rückt das subjektive Empfinden ins Zentrum.[6] Gleichzeitig erscheinen diejenigen, die unter der »Schande« zu leiden haben, als die eigentlichen Opfer. Auch in dieser Hinsicht führt Walser die Selbststilisierung aus den vorangegangenen Abschnitten fort.

Dennoch findet sich an dieser Stelle ein komplexes Manöver, das auf eine neue Weise den Opferstatus der Deutschen befestigt. Walser gelingt es, einerseits auf der Textoberfläche auf der »unerbittlichen Entgegengesetztheit von Tätern und Opfern« zu bestehen. (W 17) Den Intellektuellen, die stets aufs Neue das Volk kritisieren, hält er dagegen vor, sich auf der Seite der Opfer zu sehen. Die Textstruktur, andererseits, dementiert diese »Entgegengesetztheit"; schon die umständliche Nominalkonstruktion, die innerhalb der Rede einen Stilbruch darstellt, deutet das Unwohlsein an, das den Autor gegenüber der Sache befällt. Tatsächlich okkupieren die Intellektuellen aus Walsers Sicht einen Platz, der dem eigenen Volk vorbehalten ist.

---

5 Carl Schmitt, Der Begriff des Politischen. Text von 1932 mit einem Vorwort und drei Corollarien. 3. Auflage der Ausgabe von 1963, Berlin 1991, bes. S. 26ff.

6 Ausführlich zum Begriff der Schande vgl. Lothar Baier, Meister Anton und Walsers Schande. In: Freitag, 11.12.1998, S. 13.

Dies ist der Grund für die folgenden Sätze, die zu den meistdiskutierten der Rede gehören: »Ich habe es nie für möglich gehalten, die Seite der Beschuldigten zu verlassen. Manchmal, wenn ich nirgends mehr hinschauen kann, ohne von einer Beschuldigung attackiert zu werden, muß ich mir zu meiner Entlastung einreden, in den Medien sei auch eine Routine des Beschuldigens entstanden.« (W 17)

Aus »Tätern« werden »Beschuldigte"; diese sehen sich, von wem auch immer, »attackiert«, und das Wegschauen von der historischen Realität erscheint als Akt der Notwehr des in die Ecke getriebenen, sensiblen Ich. Die Rede von einer »Routine des Beschuldigens« erscheint zuerst wie eine psychische Notwehr, nicht als Analyse der Situation; wie schon zuvor mehrfach, wird in den folgenden Sätzen Walsers Inneres durch allmähliche Verschiebung zur objektiven Tatsache, zur »unaufhörlichen Präsentation unserer Schande«. (W 18)[7] Diese befragt Walser folgerichtig auf ihre Motive.

Während im vorangegangenen Abschnitt einfach eine Lust, wehzutun, die Intellektuellen umtrieb, vermutet Walser nun eine »Instrumentalisierung unserer Schande zu gegenwärtigen Zwekken«. (W 18) In der Diskussion um die Rede wurde diese Formulierung mehrfach damit gerechtfertigt, Walser beklage mit ihr

7 Immerhin bleibt die Beschuldigung sachlich begründet: »Kein ernstzunehmender Mensch leugnet Auschwitz«. Walser setzt sich in dieser Hinsicht deutlich von rechtsradikalen Revisionisten ab. Innerhalb der Rede ist der Satz jedoch ein Fremdkörper. Ein Bewußtsein, das sich schon von einigen deplazierten Würstchenbuden überfordert fühlt, dürfte die Existenz von Vernichtungslagern erst recht nicht anerkennen. Wider Willen liefert Walser den Beleg für den Nutzen der »schlimmsten Filmsequenzen aus Konzentrationslagern« (W 17): Sie sind auch durch stete Wiederholung als Repräsentation von Realität akzeptiert – ein unfreiwilliges Beispiel für den Nutzen von Ritualisierungen.

die in der Tat inflationär gebrauchten Vergleiche mit Auschwitz: daß etwa, wer gegen Massentierhaltung auftrete, gleich von einem »Hühner-KZ« rede. Der Redetext legt eine übergreifendere Deutung der Passage nahe.

Die »Intrumentalisierung« steht in einem Gegensatz zum »Gedenken« und zum »Nichtvergessendürfen«, die als einzig legitime Motive dafür, über Auschwitz zu sprechen, genannt sind. In dieser Entgegensetzung ist jedoch das Gedenken um eine wesentliche Dimension verkürzt: Es bezieht sich nur auf die Vergangenheit und auf die Empfindungswelt dessen, der gedenkt. Jede Handlungskonsequenz für die Gegenwart verfiele dagegen dem Verdikt der Instrumentalisierung. Walsers Text zielt auf die Auflösung einer geschichtlichen Kontinuität.

Dafür sprechen auch seine Beispiele, die, anders als die spätere Rechtfertigung, sich auf Geschichtliches beziehen. »Schon die Teilung selbst, solange sie dauerte, wurde von maßgeblichen Intellektuellen gerechtfertigt mit dem Hinweis auf Auschwitz.« (W 18) Erneut ersetzt Walser die Kausalzusammenhänge realer Geschichte durch den Hinweis auf eine vage umrissene Feindgruppe. Er blendet aus, daß die faschistischen Völkermorde eine der Ursachen für die deutsche Teilung waren, und er braucht, da er die Gegenwart bereits in eine nicht zu hinterfragende Empfindung überführt hat, auch nicht zu diskutieren, wie groß die Gefahr, die heute von Deutschen ausgeht, wirklich ist. Stattdessen flüchtet er sich in Eventualgeschichte: »Ich habe gesagt, wer alles als einen Weg sieht, der nur in Auschwitz enden konnte, macht aus dem deutsch-jüdischen Verhältnis eine Schicksalskatastrophe unter gar allen Umständen.« (W 19) Isoliert wäre dieser Satz geeignet, einem entschuldenden Geschichtsfatalismus entgegenzutreten; nur müßte sich die Frage anschließen, weshalb doch die schlimmste der denkbaren Möglichkeiten eingetreten ist. Die Friedenspreisrede nun verzichtet nicht alleine auf diese Frage – hier könnte Walser darauf verweisen, daß dies auch nicht sein Thema war. Systematisch denunziert sie alles, was helfen könnte, tatsächliche geschichtliche Zusammenhänge zu erkennen, als Instrumentalisierung.

Zudem akzentuiert Walser nochmals die Umkehrung des Täter-Opfer-Verhältnisses. Stellte er zunächst sich selbst, wegen außerordentlicher Sensibilität, als Zielpunkt intellektueller Attacken dar, so ist es in seinem historischen Beispiel die deutsche Nation, die mit ihrer Teilung nicht etwa die Folgen von Handlungen, die von einer Mehrheit ihrer Angehörigen begangen wurden, zu tragen hatte; als einziger Faktor, der die Zweistaatlichkeit stützte, erscheinen die »maßgeblichen Intellektuellen«, die nicht aufhören möchten, die Gemeinschaft mit Auschwitz zu plagen.

Auch in diesem Textblock gibt es einen unbegründbaren Übergang vom fühlenden Ich zur leidenden Nation; hier ist er ergänzt durch den Weg zurück zu Walser, dessen Werke von einem Kritiker zerpflückt werden, dem »Zeitgeist [...] vor Ästhetik« gehe. (W 19) Er ist ein anderer Vertreter jener Sorte, von der Walser schon einige vorgeführt hat: »Ein smarter Intellektueller hißt im Fernsehen in seinem Gesicht einen Ernst, der in diesem Gesicht wirkt wie eine Fremdsprache [...].« (W 19) Quälten die zuvor skizzierten Denker und Dichter sich aus rätselhaften Gründen nebenbei wenigstens noch selbst, so scheint dieses mutwillige Exemplar durch bodenlose Heuchelei charakterisiert, die mit einem mühsam verborgenen Hang zum Schabernack einhergeht. Ungeachtet solch individueller Unterschiede sind die Kritiker, selbst wo sie individuell auftreten und anhand ihrer Zitate leicht mit Namen genannt werden könnten, nie persönlich angesprochen. Sie stehen für eine Gruppe, in der zu differenzieren offenbar nicht lohnt. Deutlich wird dies im Kontrast zu den Abschnitten, die nun folgen: Hier führt Walser Gewährsleute an, die als Autoritäten seine Meinung stützen sollen. Sie, von Goethe bis zu der Autorin Johanna Walser, seiner Tochter, tragen Namen. Sie heben sich von dem Chor der gegenwärtigen Intellektuellen ab, mit denen eine konkrete Auseinandersetzung offenbar nicht lohnt. Daß die Methode, Intellektuelle als antinationale Miesmacher zu verunglimpfen und ihnen wahre Dichter entgegenzuhalten, in einer deutlich völkischen Tradition steht, dürfte Walser bekannt sein. Daß er heute für diese Tradition zumindest in Anspruch genommen werden kann, nimmt er offenbar in Kauf.[8]

Der folgende, neunte Textblock scheint auf den ersten Blick ein wenig zusammenhanglos. Er setzt ein mit einem Bezug auf Goethes *Wilhelm Meister*, in dem, obwohl er erst 1795 zu erscheinen beginne, die Guillotine der Französischen Revolution nicht vorkommt. Noch nach Walsers eigenen Kriterien ließe sich antworten, daß Goethe Staatsrat in Weimar war und kein Mitglied im Pariser Wohlfahrtsausschuß; von eigener Schuld kann also selbst dann keine Rede sein, wenn man, wie die Neue Rechte,

---

8 Micha Brumlik weist darauf hin, daß die Darstellung der Feinde als anonyme Macht antisemitischen Agitationsmustern nahesteht. (Micha Brumlik, Apologie und Amoral. In: konkret 2/1999, S. 19-21). Dieses Detail ist eines der zahlreichen Argumente, die seine These, die Rede sei antisemitisch, stützen. Allerdings hatte Walser gerade die Intellektellen ironisch als »Dichter« und »Denker« bezeichnet. Indem er so die Formel von den Deutschen als Volk der Dichter und Denker anklingen läßt, stehen die Gegner für den beklagenswerten Zustand der Nation überhaupt. Vielleicht unbewußt bezieht sich Walser damit auf die überkommene nationalistische Argumentationsfigur, besonderes Merkmal des Deutschtums sei eine übertriebene Neigung zur Selbstkritik und eine allzu große Bereitschaft, Fremdes anzunehmen. – Überzeugender als Brumlik stellt Detlev Claussen den Stellenwert des Antisemitismus dar. Er liest die Rede als gezielte Provokation gegen Bubis, an dessen Reaktion sich dann die Nation stabilisieren sollte: »Die Juden werden instrumentalisiert, um intellektuelle Kritik zu diffamieren.« (Detlev Claussen, Neue deutsche Versöhnung. In: Freitag, 8.1.1999, S. 15)

die Französische Revolution insgesamt als Unglück der Geschichte ansieht.

Doch geht es hier vor allem darum, sich der Autorität Goethes zu versichern. Assoziativ leitet die Erwähnung der Guillotine zudem über zu Walsers Erklärung, daß er, wie schon bei einem früheren nationalbewußten Auftritt, »vor Kühnheit zittere«. Auschwitz als »Drohroutine«, »jederzeit einsetzbares Einschüchterungsmittel oder Moralkeule oder auch nur Pflichtübung« (W 20) sieht er offenbar vor allem gegen sich selbst gerichtet; nach den vorangegangenen Suggestionen heißt das aber, daß die Drohung alle Deutschen betrifft, an deren Stelle dann auch Walser die These vertritt, sie seien »jetzt ein ganz normales Volk, eine gewöhnliche Gesellschaft«. (W 20)

Das Berliner Holocaust-Denkmal, um das es im folgenden Abschnitt geht, kann deshalb nur als Angriff empfunden werden. Walser spricht von einer »Monumentalisierung der Schande«. Das, was als individuelles Fühlen nationale Einheit herstellen sollte, erschiene, würde das Mahnmal gebaut, nach außen gekehrt; es würde diskussionsfähig, als das Werk von Leuten, »die sich für das Gewissen von anderen verantwortlich fühlten«. In der Systematik Walsers legitimiert diese Denkfigur einen Gedankengang, der auf den ersten Blick befremdlich wirkt.

Heinrich August Winkler, als Historiker eine weitere Autorität, an die Walser anknüpft, liefert das Schlagwort vom »negativen Nationalismus«. Dieser, so Walsers Vermutung, sei »kein bißchen besser [...] als sein Gegenteil«. Nun könnte, stimmte man Winklers Vorgabe zu, ein »negativer Nationalismus« den Blick auf politische Realitäten verstellen und damit Menschen schaden. Wie aber dieser zu einem Völkermord führen könnte, von dem schließlich in diesem Abschnitt die Rede ist, bleibt jedoch zunächst rätselhaft. Daß aber Walser auf diesem Bezug beharrt, zeigt er mit seiner Behauptung einer »Banalität des Guten«, die sich auf Hannah Arendts im Zusammenhang mit dem Prozeß gegen Eichmann geprägte Formulierung von der »Banalität des Bösen« bezieht. Wenn diese Sätze überhaupt einen mehr als propagandistischen Sinn haben sollen, so sind sie als Konsequenz der Auflösung von Wirklichkeit in die selbstmitleidige Empfindung zu verstehen. Dieses Fühlen garantierte nationale Einheit; was das Gefühl stört, vernichtet auch das Volk als Volk. Dieser virtuelle Völkermord ist nach der Verabschiedung eines diskutierbar Realen nicht mehr vom historischen Völkermord zu unterscheiden.

Im anschließenden Block untermauert Walser seine These, das Gewissen sei ein nicht delegierbares Inneres, mit weiteren Autoritäten. Diesmal bietet er zwei Philosophen auf; mit Hegel bezeichnet Walser das Gewissen als die »tiefste innerliche Einsamkeit mit sich, wo alles Äußerliche und alle Beschränktheit verschwunden ist [...].« (W 21f.) Mit Heidegger versucht er zu zeigen, daß zum einen nur die Erinnerung an eigenes Tun überhaupt als Gewissen bezeichnet werden kann. Zum anderen behauptet Walser mit Heidegger einen universalen Schuldzusammenhang: »Das Schuldigsein gehört zum Dasein selbst.« (W 21)

Es ist hier nicht der Ort, sich mit diesen Definitionen des Gewissens auseinanderzusetzen. Sie wären nur von Belang, wenn man Walsers Forderung, politische Fragen ausschließlich als Fragen von Empfindung und Gewissen aufzufassen, folgte. Bemerkenswert jedoch ist hier der Bezug auf Heidegger. An dieser Stelle den prominentesten der deutschen Philosophen, die 1933 das faschistische Regime unterstützten, als Gewährsmann für vorbildliches Denken über das Gewissen anzuführen, bedeutet eine wohl bewußte politische Provokation. Walser mildert sie zwar ab, indem er die Verallgemeinerung von Schuld nicht als »bequeme Entlastungsphrase für zeitgenössische schuldunlustige Finsterlinge« verstanden haben will. (W 21) Jedoch ist nicht abzusehen, wie sie denn sonst interpretiert werden könnte. Die antiquierte Wortwahl läßt zudem die »Finsterlinge« eher als skurrile Originale denn als Gefahr erscheinen.

Vielleicht unfreiwillig verrät Walser dann im zwölften Textblock, welche Konsequenz die Verinnerlichung von Schuld und Gewissen haben kann. Er lehnt jegliche äußere Repräsentation für das Gewissen ab, denn »nichts ist dem Gewissen fremder als Symbolik«. (W 22) Unausgesprochen scheint Walser sich immer noch mit dem befürchteten Einwand auseinanderzusetzen, er verschaffe den Tätern allzu bequeme Entlastung. Deshalb führt er ein literarisches Beispiel an: In Kleists *Prinz Friedrich von Homburg* wird der Prinz zum Tode verurteilt; der Kurfürst als Gerichtsherr jedoch gibt ihm die Freiheit, dieses Urteil, wenn er es nur für ungerecht halten kann, aufzuheben. Urteilsinstanz wird also das Gewissen des Gefangenen.

Zweierlei ist jedoch hier einzuwenden. Erstens zwingt die Konstellation den Prinzen dazu, seine Gewissenentscheidung öffentlich zu machen; er befindet sich damit, wenn man ihn schon in Walsers Koordinaten zwängen will, unfreiwillig in jener Position, die Walser, der den Rückzug aufs Persönliche nur vorgibt, mit der Redesituation freiwillig einnimmt. Zweitens ist hier auf den Schluß der Handlung zu verweisen. Walser führt ihn nicht aus – die meisten Zuhörer dürften wissen, daß der Prinz die Möglichkeit, sein Leben zu retten, nicht nutzt, daß sein Gewissen ihn nicht freispricht. Die letzten Verse transzendieren jedoch das Individuelle, auf das Walser, wenn er vom Gewissen spricht, sich zu beschränken behauptet: Der Prinz, der das Urteil angenommen hat, wird begnadigt, wieder ins brandenburgische Militär integriert, und das Stück endet mit dem gemeinsamen Kampfruf: »In Staub mit allen Feinden Brandenburgs!«

Kleist also führt vor, wie das Gewissen gebraucht werden kann, um eine aggressive Nation zu formieren. Zu behaupten, dies sei ein geheimes politisches Programm, das Walser in der Rede versteckt habe, ginge zu weit. Dennoch deutet Kleists Text an, welches Potential in Walsers Gewissenskonzeption steckt. Eine Differenz allerdings bleibt: Der Kurfürst, als er Homburg das Urteil überläßt, kann davon ausgehen, daß dessen Gewissen ihn sich richten läßt. Wird also hier Autoaggression erzeugt, um sie dann erst gegen den äußeren Feind zu lenken, beansprucht Walser heute für sich das Recht, wegzuschauen, das der Prinz ablehnen muß. Die antinationalen Denker geraten so in die Position des von Kleist national gemeinten Kurfürsten, der Zumutungen ans Gewissen stellt.

Jedenfalls kann Walser, indem er auf Kleist verweist, allmählich auf das Thema zurücklenken, das am Anfang der Rede stand: auf das Schöne, das hier als Schönes in der Literatur erscheint. Deshalb kommt er im dreizehnten Textblock auf sein »Lieblingsjahrzehnt, 1790 – 1800« (W 23), zu sprechen. Damals habe es noch Toleranz gegeben, ein »Fremdwort, das wegen Nichtmehrvorkommens des damit Bezeichneten heute eher entbehrlich ist«. (W 24) Deshalb hätten 1794 Goethe, der stets Abstand zur Französischen Revolution gewahrt habe, und Schiller als Befürworter dieser Revolution Freundschaft schließen können. Das Beispiel ist kühn gewählt – 1794 war Schiller kein Anhänger der Revolution mehr, unter anderem wegen der von Walser einige Seiten zuvor erwähnten Guillotinen, die ihrerseits geeignet wären, Walsers Toleranzthese zu relativieren. Vor allem aber sind hier erneut Französische Revolution und Auschwitz parallelisiert – wieder erinnert Walser an die Neue Rechte, die fordert, die Ergebnisse von 1789 rückgängig zu machen.

Wahrscheinlicher aber ist, daß es Walser nur auf Beispiele für seine folgende These ankam, daß wahre Kunst unabhängig von den Meinungen ihrer Autoren bestehe. Auch bei Thomas Mann sei von seinem »krassen Meinungswechsel« (W 24) vom Monarchisten zum Verteidiger der Weimarer Republik innerhalb seiner Romane nichts zu bemerken: »Wie er wirklich dachte und empfand, seine Moralität also, teilt sich in seinen Romanen unwillkürlich und vertrauenswürdiger mit als in den Texten, in denen er politisch-moralisch recht haben mußte.« (W 24f.) Ob dies für Walser gilt, wird weiter unten überprüft.

Literatur jedenfalls ist heute bedroht, von den »Meinungssoldaten«, die, »mit vorgehaltener Moralpistole, den Schriftsteller in den Meinungsdienst nötigen« (W 25) – die Interviews, die so produziert werden, ersetzen dann im Medienbetrieb die Rezeption von Kunst. Dies ist »dem Meinungs- und Gewissenswart eher egal, weil das Sprachwerk für ihn nicht verwertbar ist.« (W 25)

Ein weiteres Mal instrumentalisiert Walser Auschwitz – in seiner Wortschöpfung »Gewissenswart« klingt unverkennbar der faschistische »Blockwart« an. Unterhalb einer Gleichsetzung seiner Gegner mit den Nazis mag der Sprachartist Walser nicht agieren. Daß freilich Schriftsteller im Medienbetrieb vielfach auf Meinungen reduziert werden und das Gespräch über ihre Kunst darunter leidet, ist nicht zu leugnen – ebenso allerdings können medienerfahrene Autoren, wie Walser einer ist, durch gezielte Provokationen die Aufmerksamkeit auf sich lenken und den Verkauf ihrer Bücher noch fördern.

Tatsächlich sieht auch Walser, daß er sich freiwillig in den Meinungstreit begibt: »Ich gebe zu, der Schriftsteller ist selber schuld, wenn er sich auf diese geliehene Sprache einläßt und in barer Legitimationsnot so tut, als könne er dazu und dazu und auch noch dazu etwas sagen.« (W 25) Auf engstem Raum vereinigt Walser also drei Versionen: Der äußere Zwang – die »Meinungspistole« –, eine eigenverantwortliche Entscheidung und eine innere Not, die »Legitimationsnot«, wegen der der Schriftsteller irgendwie nicht anders handeln kann. Diese drei Faktoren könnten in ein Verhältnis zueinander gesetzt werden; aber analog zum Gewissen des Einzelnen und der Nation löst sich das Verhältnis von Innen und Außen in einem Fühlen auf, das das Ich irgendwie als Opfer erscheinen läßt und jedenfalls die Zuweisung von Verantwortung ausschließt.

Dafür bietet Walser ein neues Modell an, wie individuelles und kollektives Fühlen harmonisiert werden könnten. Der Autor, der sich nur für sich selbst zuständig fühlt, kann brauchbar werden für andere, wenn er sich nicht von Meinungen verführen läßt, »weil eben das Wichtige nur wichtig ist, weil wir es alle gemeinsam haben; diese Brauchbarkeit kann aber nicht angestrebt und nicht bedient werden; sie ergibt sich nur in der unschuldig schönsten Zusammenarbeit der Welt: Das ist die zwischen Autor und Leser.« (W 25f.)

Dies ist zunächst eine Theorie literarischer Wirkung. Sie ist empirisch eingeschränkt, denn die Zusammenarbeit zwischen Leser und Autor entsteht häufig eben doch aufgrund von Meinungen, die gesucht und gefunden werden; das ist keine Frage des Niveaus oder des Inhalts, sondern gilt für militaristische Landserhefte ebenso wie für, zum Beispiel, Lessings *Nathan der Weise*, der Autor und Leser im Lob des Toleranzgedankens zusammenführen mag. Aber ohne weiteres leuchtet ein, daß aufgrund gemeinsamer Erfahrungen, gemeinsamen Fühlens eine solche Zusammenarbeit entstehen kann, daß der Leser in seiner Phantasie das Werk des Autors weiterführt. Man könnte sogar, in zweifelhaftem Jargon, dies als »Buchstabierenmüssen unserer Existenz« (W 26) bezeichnen, wäre nicht unklar, auf wen sich das Possessivpronomen bezieht.

Das Verhältnis Autor – Leser, das zunächst als individuelles erschien, ist so eingebettet in ein Gruppenerlebnis einer freilich nicht definierten Gruppe; daß es um etwas gehen soll, das »wir alle gemeinsam haben«, erweckt den Eindruck, daß, der scheinbaren Bescheidenheit entgegen, die der Rückzug auf das eigene Ich andeutete, der Dichter hier mit einem Führungsanspruch ausgestattet ist. Er hofft nicht auf ein paar Einzelne, die Ähnliches fühlen wie er, sondern sieht sich als idealen Repräsentanten des Ganzen.

Die Parallele zum prekären Übergang von Walsers Fühlen zu dem der Nation, der sich in den mittleren Abschnitten vollzog, liegt nahe. Dennoch gibt es nicht genügend Anhaltspunkte für die These, hier hätte Walser das Problem gelöst, »alle« meinte die Nation. Nur die Feindkonstruktion ist die gleiche: die Intellektuellen, die die Wirkungsweise von Literatur nicht begreifen wollen. Ein heftiger Affekt gegen die Marktförmigkeit von Meinungen ist eingefügt: Die literarische Sprache sei die einzige, die »nichts verkaufen will";[9] doch führt ja Walsers Perspektive nicht vorwärts zu einer demokratisch vermittelten Zusammenarbeit, sondern zurück zur autoritären Haltung des repräsentativen Dichterfürsten. Selbst die eigene Tätigkeit als kritischer Redner stellt Walser, wie zu Beginn der Rede, wieder infrage: Seine werknotwendigen »Lebensschwierigkeiten« würden »nicht durch Rednerpulte geweckt, sondern durch Aus- und Einatmen«. (W 26) Indem jedoch auf diese Weise das Gefühl zur entscheidenden Macht erhoben ist, sind die zuvor formulierten politischen Meinungen nicht dementiert, sondern nur noch einmal bestätigt.

Es folgen, im vorletzten Block, Bemerkungen über die Sprache, der sich Walser anvertraue: »wenn ich ahne, daß es gegen meine Empfindung wäre, mich ein weiteres Mal dieser Predigtersatzfunktion zu fügen, dann liefere ich mich der Sprache aus, überlasse ihr die Zügel, egal, wohin sie mich führe.« (W 27) Der Assoziation von Predigt und Meinungsäußerung wird nachzugehen sein, wenn es um Walsers Roman *Ein springender Brunnen* geht; daß dem Sprachvertrauen eine Suggestion eben doch:

9 Vgl. hier Brumlik, a.a.O., S. 21.

von Meinungen entspricht, darauf wurde schon eingangs hingewiesen. Es stellt sich allerdings die Frage, ob Walser Sprache vollends instrumentell einsetzt, ob er alles, was hier gezeigt wurde, beabsichtigte. Zu überprüfen ist das nicht; durchaus möglich, daß, dem bewußten Aufbau entgegen, ein »es« in ihm denkt, wie Bubis es vermutete.[10] Vielleicht entspricht der Wendung ins Innerliche ein kaum bewußtes Ressentiment, und Walser versteht wirklich nicht, weshalb die von ihm Angegriffenen nun sich wehren.

Die Gefahr jedoch ahnte er: So gab er selbst an, er sei der Sprache in die Zügel gefallen, wenn sie zuviel von ihm zu verraten drohte: »Da mobilisiere ich furcht- und bedachtsam sprachliche Verbergungsroutinen jeder Art.« (W 27) Das mag erklären, weshalb Walser im Gespräch mit Ignatz Bubis seiner Sprache noch viel freieren Lauf läßt: So hält er etwa Bubis, dessen Familie zum großen Teil in faschistischen Lagern ermordet wurde, entgegen, dieser habe sich doch erst viel später als er selber mit dem Dritten Reich auseinandergesetzt.[11] Die Sprache soll auch isolieren und verunklaren: »Der Ehrgeiz des der Sprache vertrauenden Redners darf es sein, daß der Zuhörer oder die Zuhörerin den Redner am Ende der Rede nicht mehr so gut zu kennen glaubt wie davor.« (W 27) Das aber, umgekehrt, soll als Vorteil erlebt werden, indem man »von Sprachmensch zu Sprachmensch [...] sein Dasein streift auf eine nicht kalkulierbare, aber viel-

10 Vgl. »Moral verjährt nicht«. Ignatz Bubis über die Auschwitz-Debatte und seine Auseinandersetzung mit Martin Walser und Klaus von Dohnanyi. In: Der Spiegel Nr. 49 (1998), S. 50-54, hier S. 52.

11 Vgl. Wir brauchen eine neue Sprache für die Erinnerung. Das Treffen von Ignatz Bubis und Martin Walser. Vom Wegschauen als lebensrettender Maßnahme, von der Befreiung des Gewissens und den Rechten der Literatur. In: Frankfurter Allgemeine Zeitung, 14.12.1998, S. 39-41, hier S. 39.

leicht erlebbare Art.« (W 28) Dem existentialistischen Raunen entspricht auch hier eine Feindschaft gegen intellektualistische zersetzende Kalkulation.

Und dies, so suggeriert ein Übergang, führt zu Schönheit. Walser zitiert aus einem Buch seiner Tochter: »Ich habe den Verdacht, daß alles viel schöner ist, als man darüber spricht. Alles ist viel schöner, als man bisher sagen kann. [...] Wir machen neue Anläufe und versuchen immer neu, auszudrücken, wie schön alles ist. Aber schöner ist es trotzdem noch immer, als man es sagen kann.« (W 28) Das ist, im Kontext der Rede, eine erneute Wendung gegen die Denker, die Sprache zur Meinungsmache, zur Kritik mißbrauchen. Das Lob der Schönheit schreibt zudem die führende Rolle des empfindenden Dichters fest. Es lenkt auf den Anfang der Rede zurück: Nur über das Schöne zu sprechen, war ja unmöglich – nun aber führt die kokettierende Meinungsrede doch zu dem, was Walser von Beginn an als das Höhere, Wünschenswerte galt. Die politisierenden Äußerungen auf dem Weg dorthin, die isoliert, nach Walsers Kriterien betrachtet, als fragwürdig erscheinen müßten, sind dadurch transzendiert.

Der letzte Block ist der kürzeste der Rede, ein vierzeiliger erneuter Appell, Rainer Rupp freizulassen: »Um des lieben Friedens willen.« (W 28) Die Schlußformulierung lenkt ironisch auf den Redeanlaß zurück, die Verleihung eines Friedenspreises. Als Bittsteller erprobt Walser den Gestus der Bescheidenheit, der die vorangegangene Selbsterhöhung abfedern mag; indem jedoch die Begnadigung an den wohl national zu verstehenden Frieden gekoppelt ist, ist der Aufruf an die Einheits- und Schönheitsphantasien des vorangegangenen Abschnitts gekoppelt. Rupp freizulassen wäre so ein Akt der Poetisierung nationaler Politik.

Wie läßt sich das Ergebnis zusammenfassen? Ein genaues formales Kalkül läßt Aussagen, die isoliert betrachtet zum Teil unsinnig wären und dem rechtsextremen Meinungsspektrum nahekommen, plausibel wirken. Walser, der scheinbar sich gegen Moralisierung wendet, moralisiert zunächst Politik umfassend. Die Argumente seiner Gegner werden zu Moralkeulen reduziert – so erspart sich Walser eine Auseinandersetzung mit dem Realen, das tatsächlich in seiner Empfindung, wenn auch nicht widerspruchlos, aufgelöst wird.

Ein zentrales Muster der Rede ist das der verfolgten Unschuld – der geehrte Preisträger imaginiert sich als Opfer einer medialisierten Meinungsmache. Eine gewisse Weinerlichkeit, mit der Walser kommende Widerstände andeutet und sich selbst als schwachen, sensiblen Menschen präsentiert, geht einher mit dem Pseudo-Mut, der sich mit der Suggestion, gegen eine Welt von Feinden anzutreten, präsentiert. Das Muster dient zur Legitimation dazu, um so schonungsloser auf den Gegner einzuschlagen.

Hauptfeindbild in seiner Rede sind Intellektuelle. Sie sind Meinungsmenschen, Kritiker ohne Einfühlung, und sie instrumentalisieren Auschwitz, um eine geeint empfindende deutsche Nation zu verhindern. Die Rede ist nicht gegen die jüdischen New Yorker Anwälte gerichtet, über die einige Wochen später Rudolf Augstein in einer Selbstentlarvung als Antisemit fabulieren wird[12] – Walser richtet sich gegen einen inneren Feind. Das Muster ist für antisemitische Deutungen offen – der heimatlose, vernünftelnd zergliedernde Jude ist ein überkommenes antisemitisches Stereotyp. Doch ist diese Deutungsmöglichkeit in Walsers Text nirgends aktualisiert, und die Auswahl seiner freilich nie mit Namen genannten Gegner deutet an, daß es ihm allgemein um Deutsche, die sich seinem Gefühl nicht fügen, geht. Mehrfach werden sie sprachlich mit Faschisten parallelisiert.

12 Vgl. Rudolf Augstein, »Wir sind alle verletzbar«. In: Der Spiegel Nr. 49 (1998), S. 32-33, hier S. 32.

Dichtung ist privilegiertes Sprechen und eröffnet einen Weg zum Schönen. Indem die literarische Sprache jedoch an nicht rational kommunizierbare Erfahrung gebunden ist, bekräftigt sie die Auflösung des Realen. Erfahrung kann nur als die je eigene gedacht werden und ist auf ungeklärte Weise mit der eines Kollektivs verbunden. Abweichendes Gewissen, abweichende Erfahrung gilt als unecht und wird als feindlich gewertet. Wenn also Walser später behaupten wird, Bubis habe sich ja erst spät mit dem Völkermord an den Juden beschäftigt, ist wahrscheinlich nicht einmal Bosheit die Ursache, sondern daß Walsers Sprach- und Literaturkonzept ihn von jeder anderen Erfahrung isoliert.

Vorerst nicht zu klären war, wie aus individuellem Fühlen die Nation entsteht – denn die Nation ist ja nie selbstverständlich gegeben und erfahrbar, sondern braucht als Abstraktes eine Materialisierung. Auch ist nicht völlig geklärt, welche Rolle die Schönheit in der nationalen Konzeption spielt. Diesen Fragen wird in den folgenden Abschnitten nachgegangen; zunächst geht es dabei um Walsers in den letzten Jahren entstandene Romane.

II

Walsers Klage darüber, daß im öffentlichen Streit Literatur auf ein paar provokante Meinungsäußerungen prominenter Dichter reduziert wird, ist, wie gesagt, nicht nur rhetorisch bedingt. Engagiert gestritten wurde im letzten Jahrzehnt über Botho Strauß' *Bocksgesang*-Essay, über Handkes Verteidigung der Serben, über Walsers Haltung zum Nationalen und darüber, welche DDR-Autoren und -Autorinnen in welcher Form Kontakt zur Staatssicherheit hatten. Häufig dienten ihre Werke nur als Steinbruch für Zitate, die Verwerflichkeit der je Angegriffenen zu belegen. Ebenso häufig verharmlosten die Verteidiger die kritisierten

Äußerungen damit, sie seien doch nur als Poesie zu verstehen; so suggerierten sie, wider Willen, am besten nehme man überhaupt, was literarisch gesagt werde, nicht ernst.

In diesen Diskussionen wurde häufig vor dem Angriff die Position des Opfers den eigenen Interessen entsprechend vereinfacht. Dies ist ein überkommenes rhetorisches Mittel und Walser selbst, wie seine Rede zeigt, nicht fremd. Daß Literatur beim Streit über Schriftsteller an den Rand rückt, ist dagegen neueren Datums. Die von Walser kritisierte Medienwelt, in der die wichtigste Auseinandersetzung die um Marktanteile sei, muß dabei allerdings als Faktor sekundären Ranges gelten. Seitdem im achtzehnten Jahrhundert die Regelpoetik zerfiel und schließlich die ästhetischen Avantgarden in den ersten Jahrzehnten des zwanzigsten Jahrhunderts die Normen, wie denn etwa ein Drama oder ein Roman auszusehen hätten, vollends zerschlugen, fehlt dem Publikum ein zuvor selbstverständlicher Beurteilungsmaßstab. Poetische Regeln grenzten zuvor die künstlerischen Möglichkeiten ein, sorgten jedoch dafür, daß ein Verstoß als solcher wahrgenommen und diskutiert wurde. Heute greift ein solcher Mechanismus noch bei Heftchenromanen, bei Fernsehserien oder Genrefilmen aus Hollywood. Autoren gehobener Literatur jedoch, zu denen Walser gerechnet wird, müssen die Regeln ihrer Dichtung Werk für Werk neu festlegen – innerhalb jedenfalls eines als autorentypisch angesehenen Rahmens, der notwendig ist, um einen festen Leserkreis zu gewinnen und ökonomisch zu überleben.

Deshalb ist eine ästhetische Diskussion heute in den Medien schwieriger zu führen als noch im neunzehnten Jahrhundert, und deshalb sichert vor allem der Kampf um politische Meinungen und nicht der um poetologische Konzeptionen den Verkauf. Sobald ein Autor sich erfolgreich in einer Kontroverse situiert hat, ist nur in der Minderzahl der Debattenbeiträge die Kritik aus den Vorgaben der Werke selbst entwickelt. Diese zu berücksichtigen aber wäre das produktivere Vorgehen, denn so ist Literatur als Medium der Erkenntnis genutzt, wenn auch vielleicht gegen die Absicht des Autors. Die Interpretation von beliebter und gut verkaufter Literatur sagt so auch etwas aus über den Teil der Gesellschaft, der diese Literatur rezipiert. Die literaturwissenschaftliche Fragestellung, um die es im folgenden gehen wird, ist deshalb auch eine gesellschaftliche Fragestellung.

In den neunziger Jahren entstanden vier Romane Walsers, die im Zusammenhang mit seiner Friedenspreisrede von Interesse sind.[13] Die Romane sind deutlich in zwei Gruppen zu unterteilen: *Die Verteidigung der Kindheit* und *Ein springender Brunnen* entwerfen in einer Handlung, die sich über mehrere Jahre hinzieht, umfassende Zeitpanoramen. Zunächst soll von den beiden anderen, kürzeren Romanen die Rede sein, deren Stoffe eher novellistisch zugespitzt sind. Entsprechend sind in ihnen die politischen Aussagen auf andere Weise eingefügt.

Die Konzentration der Handlung wird besonders deutlich in *Ohne einander* (1993). Ellen, die Protagonistin des ersten Teils, muß länger als geplant in der Redaktion der Zeitschrift bleiben, bei der sie Ressortleiterin ist. Ein Mitarbeiter, Koltzsch, schreibt für sie den Artikel, an dem sie scheitert, und nötigt sie danach zum Geschlechtsverkehr. Gleichzeitig läuft die Handlung des zweiten Teils ab: Ellens alternder Liebhaber Ernest nutzt die ge-

---

13 Aus Zeit- und Raumgründen ist hier die Auseinandersetzung mit dem Theaterstück *Kaschmir in Parching. Deutsche Szenen 3* beiseitegelassen; dort sind Walsers Positionen verschiedenen Personen zugeordnet, ohne daß sich eine eindeutige Sympathielenkung erkennen ließe. Eine Studie zur Dramentrilogie *Deutsche Szenen*, die als erste beide Teile *Eiche und Angora* und *Der schwarze Schwan*, beide aus den sechziger Jahren, umfaßt, hoffe ich demnächst vorzulegen.

wonnene Zeit, Sylvi, die Tochter Ellens, zu verführen, kommt dann aber, als er seine Kräfte überschätzt, beim Surfen ums Leben. Der abschließende dritte Teil ist aus der Perspektive Sylvios, Ellens Ehemann, geschrieben. Sylvio, äußerlich schwach und Alkoholiker, nutzt die eigenen zerstörten menschlichen Beziehungen und die seiner Umgebung, um aus ihnen die Stoffe seiner Romane zu gewinnen. Am Ende des Buches deutet Walser an, daß Sylvio dem realen Autor entspricht: Aus Sylvios Notizen, die zu einem neuen Roman hinleiten sollen, kristallisieren sich die Wörter heraus, die auch der Titel von Walsers Roman sind: »ohne einander«.

Was in dieser kurzen Zusammenfassung wie zweitklassige Kolportage wirken mag, erlaubt eine differenzierte Darstellung von familiären und erotischen Beziehungen. Das Resultat ist so trostlos, wie der Titel andeutet; Ellens pragmatischer Fluchtversuch aus der ungeliebten Ehe ist ebenso gescheitert wie die Versuche ihrer Tochter, selbständig zu werden. Nur Sylvios Literarisierung, sein Wagnis, sich der Sprache zu überlassen, deutet einen Ausweg oder wenigstens eine Überlebensmöglichkeit an.

Antisemitismus dient in diesem Roman, der auf den ersten Blick unpolitisch scheint, als Anlaß der Handlung. Der Literaturkritiker der Zeitschrift hat einen Roman gelobt, in dem die Beteiligung eines Juden am organisierten Verbrechen in den USA dargestellt ist. Der Herausgeber fürchtet, »in den übelsten aller Verdächte, den des Antisemitismus"[14] zu geraten: »er sei süchtig danach, als Kapitalist, Kommunist, Anarchist, Atheist, Nationalist, Militarist, Pazifist, Satanist, Sadist, Masochist, Liberalist, Bestialist verdächtigt zu werden, nur in den trivialsten und

14 Martin Walser, Ohne einander. In: Walser, Werke in zwölf Bänden. Hg. v. Helmuth Kiesel unter Mitarbeit von Frank Barsch. Frankfurt am Main 1997, Band 7, S. 5-158, hier S. 9.

uninteressantesten Verdacht, den des Antisemitismus nämlich, wolle er nicht geraten«.[15] Da der Kritiker geistesgegenwärtig sich eine jüdische Großmutter erfindet, kann andererseits sein Artikel auch nicht zensiert werden. Ellens Vorschlag, zum Ausgleich eine positive Rezension des Filmes »Hitlerjunge Salomon« aufzunehmen, ist die Lösung.

Ellens Haltung zu dem Film entspricht der Walsers zu Auschwitz: Sie wendet sich gegen einen angeblichen Meinungsdruck. »Sie haßte Filme, deren Handlungen politisch bedingt waren. Da wird man doch nur erpreßt. Die Filmemacher haben ihre Ansichten schon, bevor sie ihre Filme anfangen. Diese Ansichten sind die allein möglichen. Zu ihnen soll man bekehrt werden."[16] Zwar hatte sie, auf Drängen ihres Liebhabers, sich den Film dennoch angesehen, wider Erwarten hatte der Film sie auch bewegt, doch ist dies Gefühl nicht kommunizierbar: »Aber diese volle, überdeutliche, wie ein Akkord aus vielen Tönen zusammengesetzte Stimmung jetzt in einem Nacheinander von Sätzen zu beschreiben, das hieß diese Stimmung zerstören. [...] Dieses durchdringende Gefühl von Scham und Abwehr, dieses Gemenge aus Trotz und Hilflosigkeit, diese Mischung aus Entsetzen und Wut."[17] Folgerichtig gipfelt ihre Position in einem Satz, den sie von ihrem Mann, dem Schriftsteller, entlehnt: »Über Auschwitz kann man doch nicht diskutieren."[18] So muß sie schweigen, und der Artikel gelingt ihr nicht.

Repräsentiert sie die skrupulös empfindsame Seite von Walsers späterer Rede, so vertritt ihr Begleiter den aggressiven Aspekt.

15 Ebd., S. 14f.

16 Ebd. S. 16

17 Ebd., S. 46

18 Ebd., S. 48

Der Film sei entsetzlich, entspreche der »Art des Propagandafilms, die jeder Staat im Krieg produziert, um zu zeigen, wie dumm und schädlich der Gegner ist.« Die Deutschen seien als »vernichtenswert, ausrottenswert« dargestellt – hier also bereits die Umkehrung der Völkermordhandlung, die Walser in der Rede vornimmt. Dabei hütet Walser sich, die Romanfigur als unverbesserlichen Nazi hinzustellen. Auch im Roman geht es Ernest darum, daß die Verzeichnung von Geschichte die Auseinandersetzung mit dem Gewissen verhindere: »Schuldunfähige Bestien, statt schuldige Menschen"[19] träten im Film auf. Das Ausland erpresse so die Deutschen, um sie »leichter beherrschbar« zu halten: »Eine nicht endendürfende Erpressung durch andauernde Vorführung der deutschen Greueltaten in gar allen Medien.« So würden »Schuldbekenntnisse« erzwungen, und »nichts ruiniere eine Gesellschaft auf die Dauer gründlicher als eine Moral, die nur auf den Lippen zu Hause sei."[20]

Die Kontroverse zwischen Ellen und Ernest läßt sich also als eine Auseinandersetzung innerhalb der Walserschen Position bezeichnen. Diese beiden Personen handeln auf der politischen Ebene nicht. Den Artikel dagegen formuliert Koltzsch, als »DDR-Kind [...] gründlichst antifaschistisch gebildet."[21] Koltzsch schreibt sonst nicht selbst, sondern korrigiert; seine Maxime lautet: »Wer kein Sprachgewissen hat, hat kein Gewissen."[22] Dies könnte ein Grundsatz Walsers sein, doch bei Koltzsch wird das Sprachgewissen nicht produktiv, sondern beschränkt sich darauf, die Einhaltung von Regeln zu überwachen. An Sylvios Ro-

19 Ebd., S. 47

20 Ebd., S. 50

21 Ebd., S. 42, vgl. auch S. 60

22 Ebd., S. 61

mantrilogie lobt er neben inhaltlichen Aspekten, die seinen genauen Blick auf Machtphänomene zeigen, vor allem, daß sie, »was Konjunktive und ähnliches angehe, zum Drittel der Bücher gehöre, in denen auf zehn Seiten nur ein Fehler vorkomme, die also zum Besten vom Besten gehöre [...].”[23]

Wie Sylvio fühlt sich Koltzsch als Schwächling, hält sich für häßlich und einen Versager. Er sieht sich selbst als »böse« und weiß, daß seine Freude, Fehler zu korrigieren, die sadistische Kompensation eigener Unzulänglichkeiten ist: »Sprachschluderer zu geißeln erregt mich. Sexuell. Wer einen so häßlichen Körper hat wie ich, muß sich die Erregungen übers Geistige verschaffen.”[24] Deshalb erscheint es innerhalb der Walserschen Vorstellungswelt als konsequent, daß gerade ihm ohne jedes Zögern der verlangte deutsche Selbsthaß gelingt. Nachdem der antifaschistische Artikel fertiggestellt ist, berauscht sich Koltzsch an der Vorstellung, sprachverantwortlich für ganz Deutschland zu werden, und vergewaltigt Ellen: »Er ließ sie bei allem, was er tat, nicht aus seinem Blick. Blanke Brutalität und elende Unterwürfigkeit – das war dieser Blick.”[25]

Die Episode verweist auf eine fehlende erzählerische Ökonomie des Romans. Als Moment, das die Handlung in Bewegung setzt, wählt Walser ein Motiv, das ihm am Herzen liegt, ohne daß es mit dem Thema des Romans verbunden wäre. Das Räsonnieren über Auschwitz und die Mängel des deutschen Antifaschismus überwuchert den ersten Teil des Romans – später tritt es ebenso unbegründet in den Hintergrund. Die Vergewaltigung, obgleich nicht spektakulär erzählt, bildet einen allzu kräf-

23 Ebd., S. 44f.

24 Ebd., S. 61

25 Ebd., S. 64

tigen Schlußakzent der Ellen-Episode – daß die beteiligten Personen voneinander entfremdet leben, wäre auch ohne diese Veräußerlichung von Gewalt hinreichend deutlich geworden. All dies verweist darauf, daß hier Politik, anders als Walser fordert, nicht in Sprache und Werk verwandelt ist, sondern ein ideologisiertes Eigenleben führt.

Ähnlich verhält es sich mit dem Aspekt der öffentlichen Meinung, den zu kommentieren der Beruf Ellens zahlreiche Möglichkeiten bietet. Hier sind alle Ressentiments Walsers versammelt: »Alles Wirkliche mußte, um zu erscheinen, zuerst in etwas Meinungsmäßiges überführt werden«, heißt es;[26] oder: »Die dümmste Frage, die je gestellt worden sei, sei die: Was ist Wahrheit. Daß diese Frage endlich aus der Welt verschwinde, dazu hat der Prinz [der Herausgeber, K.K.] DAS MAGAZIN DER MEINUNG erfunden. Es gibt keine Wahrheit, nur Versionen."[27] Die Versionen, die der Prinz fordert, sind prinzipiell die bösesten: »Die DAS-Masche ist Niedermachen. Ein Sprachasthma für Hohn. Ein Säureseich über alles. [..] Je radikaler einer im Niedermachen anderer vorgeht, desto beliebter macht er sich."[28]

Doch ist dieser Aspekt verknüpft mit der gelungenen Sprachwerdung, die am Ende des Romans steht. Anders als der Schwächling Koltzsch, der Bosheit für sich reklamiert und, überraschend für einen Sprachverbesserer, sich selbst »[k]ulturkritische Fisimatenten« übelnimmt,[29] beharrt Sylvio mit Argumenten, die sich fünf Jahre später in Walsers Rede wiederfinden, auf seiner Ablehnung der Meinungsindustrie: »Selbstgerechtigkeit und Heu-

26 Ebd., S. 51

27 Ebd., S. 10f.

28 Ebd., S. 53

29 Ebd., S. 45

chelei, das war das Fundament der Meinungsproduktion. Je heuchlerischer, um so krasser kritisch beziehungsweise je krasser kritisch, um so heuchlerischer. Das sei ein unauflöslicher Interdependenzknoten zur Verhinderung einer Einsicht ins eigene Tun. Denn: je krasser kritisch, desto besser das eigene Gewissen, desto weniger Anlaß, Neigung, Fähigkeit zur Selbstüberprüfung."[30]

Wie Walser später, so problematisiert auch Sylvio das Kritisieren: »Er ist dagegen, daß kritisiert wird, und was tut er, kritisieren. Ein Mensch, glaubt er, kann nicht mehr kritisieren als sich selbst."[31] An dieser Stelle münden Sylvios Überlegungen in einer Poetik des Verklärens: »Er spürte in sich eine unerschöpfliche Verehrungskraft. Er hatte keinen ausgebildeten Geschmack, der ihn zwang, alles was ihm begegnete, zu beurteilen. Er hatte auch kein Selbstgefühl, das ihn gezwungen hätte, andere zu bewerten. Er hatte nichts als eine Art Erlebnishunger.« Er fühlt in sich die Möglichkeit, genau wahrzunehmen, und wird zu einem »Lobredner des Seienden«.[32] So besteht auch hier eine weitgehende Analogie zwischen dem Roman und der Rede, die ins Lob des Schönen mündete. Der Wunsch, zu literarisieren, zu poetisieren, scheint gleichermaßen auf Eheprobleme wie auf Auschwitz bezogen. Die Forderung, zu rühmen, wäre ein Programm, das weitgehend von konkreten Gegebenheiten abstrahiert – in eigentümlichem Kontrast zum Lob des einzeln Wahrgenomme-

30 Ebd., S. 123

31 Ebd., S. 123

32 Ebd., S. 124. Sylvio erwägt, ob im Lob nicht ein kritisches Potential liegt, weil so deutlich werde, daß das Gepriesene dem Lob nicht gewachsen sei; doch weist er diesen Gedanken ab: »Er verehrt zwecklos. Er verehrt, weil ihm Verehren liegt.« (Ebd., S. 126)

nen, der »noch nie gesehene[n] Farbe des Gelees in einer Bahnhofsbuffetvitrine”[33] etwa; dieser Aspekt ist der Frage, wodurch die Nation konkret wird, verwandt.

Einige Elemente in *Ohne einander* stehen einer umstandslosen Gleichsetzung mit der Rede indessen entgegen. Daß auch die negativen Figuren des Romans, wie Koltzsch, wie auch immer deformierte Züge sowohl des Rede-Ichs als auch Sylvios teilen, entspricht nicht der umstandsloseren Intellektuellenschelte in der Rede. Der Verklärer Sylvio verrät, schon gattungsbedingt, mehr über seine Beweggründe als der politische Redner Walser: Unmittelbar an die Poetologie des Rühmens schließt ein Traum an, in dem Sylvio sich, zu seiner Freude, gehaßt findet; die Position des Gehaßten aber ist, im Gegensatz zu der der Verachteten, eine anerkannte.[34] Auch erkennt Sylvio, daß, wenn er nur Gelegenheit hat, er »der volle Rohling« sein kann.[35] Peinliche Auftritte des Trinkers, der etwa die Konfrontation mit dem Liebhaber seiner Frau sucht, ohne jede Aussicht, in ihr zu siegen, deuten an, daß auch die Position des verachteten Verlierers lustbesetzt ist.[36] Doch ist die Wirkungsmacht der literarisierenden Lösung dadurch nicht beschädigt. Deren Verklammerung mit den politischen Parolen im ersten Teil ist zudem allzu locker, um den Eindruck ästhetisch unbewältigter Ideologie zu korrigieren.

Noch weitaus unverbundener wirken die politisierenden Einsprengsel in *Finks Krieg* (1996). Die Geschichte des Beamten Fink, der in jahrelangen Prozessen gegen seinen Dienstherren die Wiederherstellung seines Rufs betreibt, ist zwar in der hessi-

33 Ebd., S. 124

34 Ebd., S. 126f.

35 Ebd., S. 134

36 Ebd., S. 77ff.

schen Staatskanzlei situiert, doch sind die Auseinandersetzungen nicht ideologisch motiviert. Ein wenig sympathischer Auftritt Joschka Fischers[37] ist ebenso aus dem Romanzusammenhang gerechtfertigt wie eine eher ungünstige Darstellung von Walsers späterem Kontrahenten Ignatz Bubis, die möglicherweise auf den realen Vorkommnissen, die Walser in dem Roman verarbeitet, beruht.[38] Auch Fink ist ein Schwacher, der rücksichtslos sein kann. Finks antipolitischer Affekt, der das Buch prägt, ist durch die Erzählweise gerechtfertigt, die keineswegs ungebrochen ist: Die anfangs dominierende Ich-Perspektive ist zunehmend zwiegespalten in ein Ich, das auf den »Beamten Fink« und dessen nicht immer überzeugende Handlungen blickt.

Allerdings gibt es in dem Roman einen Nebenaspekt, der hier zum Hauptaspekt werden muß. Der beste Freund Finks, Franz Karl Moor, ist schon durch seinen Namen, der auf Schillers feindliches Brüderpaar aus den »Räubern« hindeutet, als zwiespältig gekennzeichnet; tatsächlich wird Fink am Ende Moors Verhalten als Verrat deuten. Moor ist, wie Koltzsch, Antifaschist: »Bis zur Wut erregte ihn allerdings Rechtsextremismus. Sein Vater lebte in ihm als braune Ikone. Die auszumerzen, lebte er."[39] Moors Haltung erscheint als biographisch bedingte Marotte; daß er, dem eigenen Bewußtsein entgegen, das Braune als »Ikone« anbetet und vom deutschen Faschismus den Willen übernom-

37 Martin Walser, Finks Krieg. In: Walser, Werke in zwölf Bänden, Band 7, S. 159-395, hier S. 377ff.; Fink, als er das zuvor geschilderte Zusammentreffen auswertet, neigt sogar zum Linksradikalismus: »Wenn der erst Vizekanzler ist, agiert der kein bißchen anders als die, die vor ihm oben waren. Manchmal verstand ich, daß man Terrorist werden konnte. Und Trotzki verstand ich auch. Manchmal.« (Ebd., S. 284)

38 Vgl. ebd. bes. S. 237f., auch S. 247.

39 Ebd., S. 261, s.a. S. 335.

men hat, den Feind »auszumerzen«, ist sprachlich deutlich markiert; die Rede, die das Verhältnis von Täter und Opfer umkehrt, kündigt sich hier schon deutlich an. Finks Perspektive mag das im Roman noch rechtfertigen, denn für ihn zählt nur der eigene Prozeß, jeder Einsatz für Asylbewerber[40] oder gegen Rechtsradikale gilt ihm als Konkurrenz.

So wäre selbst noch zu erklären, daß Fink, wie der Romantitel andeutet, seine Auseinandersetzung zunehmend als Krieg betrachtet, daß militärisches Vokabular seine Darstellung durchdringt und ihm etwa ein neuer Verbündeter als »General Wenck«, der Befehlshaber jener Armee, die im April 1945 Berlin verteidigen sollte, gilt: »Es kam dem Beamten Fink weniger auf Logik an als auf einen militärischen Wortschatz."[41] Dennoch taucht der Motivkreis in einem Brief auf, den das Ich und Fink gemeinsam an den Ministerpräsidenten schreiben; die Zweiheit der Verlierer wird ohne zwingenden Grund an die Nationalgeschichte gekoppelt, in der die Deutschen seit 1945, welche Aufbauleistungen sie auch immer erbringen, als Verlierer dastehen. Zwar war man, so Ich/Fink, in der Wehrmacht »ein Soldat wie ein anderer Soldat anderswo, sei es bei der US-Armee oder der Roten Armee«,[42] doch schreibt der Sieger die Geschichte. »In den Jahrzehnten seit 1945 verlor der deutsche Soldat diesen Krieg zum zweiten, dritten, vierten ... Mal. Und er hört nicht auf, ihn zu verlieren. Er ist längst diffamierbar geworden. Daß er 1945 oder 46 nicht so diffamiert wurde wie jetzt, wird allen vorgeworfen, die in diesen Jahren etwas zu sagen hatten. Die sind dann fast schon so schlimm wie die Soldaten, denen sie zuwenig vorgeworfen haben."[43]

---

40 Vgl. z. B. ebd., S. 312.

41 Ebd., S. 293

42 Ebd., S. 382

43 Ebd., S. 383

Fink unterscheidet sich hier von dem Redner Walser, der gerade aus der gemeinsamen, wenn auch unaussprechbaren Schuld die Abwehr jeder Kritik am Heutigen formiert. Für Fink haben die Wehrmachtssoldaten nichts getan »als die schaurige Pflicht, die die Gegnersoldaten auch getan hatten."[44] Das Walsersche Motiv, daß die nachträglichen Kritiker sich durch einen »Verdächtigungston"[45] selbst reinzuwaschen versuchen, benutzt auch Fink; nur gelten hier die Soldaten als unschuldig.

Keine Perspektive relativiert diese Aussage. Die Kritik an Moor erscheint nachträglich gerechtfertigt. Als Literatur ist *Finks Krieg* beschädigt, denn es gelingt dem Autor in zentralen Passagen nicht, Sprachkunst statt ideologischer Obsessionen zu präsentieren.

Die Entgegensetzung von Sprache und Ideologie erscheint idealistisch. Sie entspricht jedoch Walsers eigenem Anspruch, sich von kritischem Denken zu entfernen. Gemessen an diesem Anspruch scheitert er in den Werken, die auf die Ereignisse eines Tages, auf den Verlauf eines Rechtsstreits konzentriert sind. Dem steht die erfolgreichere Integration von Weltanschauung in die beiden Romane, die übergreifende Zusammenhänge gestalten, entgegen.

Die Verteidigung der Kindheit (1991), das früheste der hier in den Blick genommenen Werke, trägt zur Klärung der bei der Interpretation der Rede entstandenen Fragen weniger bei und ist deshalb kurz abzuhandeln. Das Buch schildert das Leben des Juristen Alfred Dorn bis zu dessen Tod in den späten achtziger Jahren. Äußerlich verläuft das Leben in überwiegend geordneten Bahnen: Geboren in Dresden, studiert Dorn mit leidlichem Erfolg in Westberlin und arbeitet nach einem kurzen Zwischenspiel in einer Anwaltskanzlei in Berliner und später Wiesbade-

---

44 Ebd., S. 383

45 Ebd., S. 384

ner Behörden. Ein zentrales Datum dieses Lebens ist indessen der 13. Februar 1945, der Tag, an dem Dresden bombardiert und die Dornsche Wohnung und mit ihr alles Konkrete, das an die Kindheit erinnert, zerstört wird.

Dorn, dem fast jede menschliche Beziehung das ganze Leben lang zum Anlaß für problematisierende Grübeleien wird, ist von da an immer mehr auf die Bewahrung der Vergangenheit fixiert. Zwanghaft versucht er, jedes Objekt, das die verlorene Kindheit bezeichnen könnte, in seinen Besitz zu bringen. Auch seine beruflichen Betätigungsfelder, die Entschädigung von Opfern des Faschismus und später, in Hessen, die Denkmalspflege, sind vergangenheitsfixiert. Nach dem Tod seiner Mutter, der wichtigsten Bezugsperson, die auch willkommener Vorwand ist, jeder erotischen Bindung aus dem Weg zu gehen, steigert sich Dorns Sammelwut noch und bedroht seine Fähigkeit, die alltägliche Arbeit zu bewältigen.

Insofern der westdeutsche Beamte notwendig auf die DDR, auf deren Territorium seine Kindheit verlief, fixiert bleibt, ist der Roman auch ein Roman über die deutsche Zweistaatlichkeit, die Walser lange vor 1989 für unerträglich erklärte. Dorn ist, wie Sylvio und, trotz seines schließlichen Sieges, Fink, auch ein Scheiternder, dem die Sympathie der Leser gilt; Dorns Manie konzentriert sich, wie angeblich die Erfahrungsideologie des scheinbar unideologischen Walser, auf Konkretes. Doch liefert Walser in diesem Roman sich der Ideologie nicht aus. Alfred Dorns Lebensentwurf muß notwendig fehlschlagen. Die deutsche Teilung führt hin und wieder zu bürokratischen Hindernissen, die indessen meist überwindbar sind – doch Menschen, die Vergangenheit verkörpern, vergessen und sterben, Photographien vergilben, Bauten zerfallen. Keine politische Entwicklung, kein Zum-Schweigen-bringen vorwitziger Intellektueller könnte dies verhindern. Die »Verteidigung der Kindheit« bleibt aussichtslos.

Ideologie ist deshalb in diesem Roman tatsächlich in Struktur aufgelöst, und nur wenige Sätze verraten signalhaft die Meinung ihres Autors. Nationales Ressentiment zeigt sich, wenn sich der Erzähler über den bürokratisch-störrischen DDR-Zoll beklagt: »So sah es aus, wenn Deutsche die Wünsche der Welt erfüllten."[46] Auch die Klage über »Schriftsteller, Philosophen, Politiker«, die »öffentlich über die deutsche Schuld sprachen«, findet sich hier bereits: Alfred Dorn »hatte den Eindruck, die sprächen immer nur von der Schuld von anderen. Vielleicht hatten sie keine eigene. Dann sprachen sie aber von etwas, wovon sie keine Ahnung hatten. Kann man überhaupt von einer anderen Schuld als von der eigenen sprechen?"[47]

Dorns Gedanke läuft darauf hinaus, die Diskussion über die deutsche Vergangenheit an die Täter zu delegieren. Im Rückblick ist erkennbar, daß hier der Autor eine Figur mit seiner Meinung belastet. Doch innerhalb des Romans ist der Satz randständig. Ganz anders steht es mit Walsers neuestem Buch, *Ein springender Brunnen*: Einige der Fragen, mit denen sich Walser in seiner Rede auseinandersetzt, stehen thematisch und erzähltechnisch im Zentrum des Romans. Auf beiden Ebenen geht es um Erinnerung. Walser erzählt in drei großen, autobiographisch geprägten Teilen von der Kindheit und Jugend Johanns, der in einem kleinen Dorf in der Nähe des Bodensees langsam zum Schriftsteller heranwächst. Die erzählte Zeit reicht von den letzten Monaten der Weimarer Republik bis in die ersten Monate der Nachkriegszeit. Jeder dieser Teile ist mit einem Kapitel ein-

46 Walser, Die Verteidigung der Kindheit, Frankfurt am Main 1991, S. 146

47 Ebd., S. 309

geleitet, das den Titel »Vergangenheit als Gegenwart« trägt; für Walser sind dies die wichtigsten Kapitel des Romans.[48]

Die ersten Sätze schon scheinen ein Konzept unmittelbarer Erfahrung zu dementieren: »Solange etwas ist, ist es nicht das, was es gewesen sein wird. Wenn etwas vorbei ist, ist man nicht mehr der, dem es passierte."[49] Wird hier die Erinnerungsinstanz fraglich, so löst Walser im dritten der Einleitungskapitel das Erinnerte als Reales überhaupt auf: »Die Vergangenheit als solche gibt es nicht. Es gibt sie nur als etwas, was in der Gegenwart enthalten ist, ausschlaggebend oder unterdrückt, dann als unterdrückte ausschlaggebend.« Selbst das, was durch sinnliche Eindrücke zugänglich erscheint, bedeutet Täuschung: »eine Einbildung, der man sich hingeben kann, solange man nicht merkt, daß das, was man für wiedergefundene Vergangenheit hält, eine Stimmung oder Laune der Gegenwart ist, zu der die Vergangenheit eher den Stoff als den Geist geliefert hat.« Daraus ergibt sich zunächst folgerichtig, daß es »nichts gibt als die Gegenwart."[50]

Ein Vergleich mit einem anderen Roman, der die Erinnerung an eine Kindheit im Faschismus zum Stoff hatte, kann das Besondere der Konzeption Walsers verdeutlichen: Christa Wolfs *Kindheitsmuster* setzt auf den ersten Blick ähnlich ein: »Das Vergangene ist nicht tot; es ist nicht einmal vergangen. Wir trennen es von uns ab und stellen uns fremd."[51] Auch hier sind Vergan-

48 Martin Walser, Wovon zeugt die Schande, wenn nicht von Verbrechen. Das Gewissen ist die innere Einsamkeit mit sich: Martin Walser antwortet seinen Kritikern mit einem »Zwischenruf«. In: Frankfurter Allgemeine Zeitung, 28.11.1998, S. 35.

49 Martin Walser, Ein springender Brunnen. Frankfurt am Main 1998, S. 9

50 Ebd., S. 281

51 Christa Wolf, Kindheitsmuster. Darmstadt, Neuwied 1977, S. 9

genheit und Gegenwart aneinandergekoppelt, auch hier wirkt auf der subjektiven Ebene dieses Verhältnis sich als Gefühl der Fremdheit aus. Doch ist die Wirkrichtung vertauscht: Bei Walser übt die Gegenwart Macht über die Vergangenheit aus, ja sie konstituiert sie überhaupt erst. Bei Wolf hingegen prägt die Vergangenheit die Gegenwart, und die Fremdheit tritt ein, weil genau dieser Einfluß verdrängt, die Erinnerung verweigert wird. Dagegen sieht Walser gerade durch den Versuch, sich zu erinnern, die ohnehin vorhandene Distanz nur noch einmal bekräftigt.

Folgerichtig sind beide Erinnerungsbücher unterschiedlich angelegt: Christa Wolf leugnet das Unzuverlässige der Vergegenwärtigung nicht und weiß, daß das gegenwärtige Bewußtsein das Bild der Vergangenheit beeinflußt. Sie wechselt deshalb über das ganze Buch hinweg ständig die Zeitebenen und reflektiert durchgehend die Zuverlässigkeit ihrer Erinnerung. Walser dagegen bekennt sich gleich eingangs zum »Traumhausbau";[52] die geschichtliche Realität ist dadurch beiseitegeschoben wie die unerfreulichen Würstchenbuden in der Rede. Abgesehen von den drei Einleitungskapiteln ist die Zeitebene dann auch kaum jemals mehr gewechselt, die Kindheit verläuft traumhaft ungestört. Das allerdings, was dann erinnert wird, drängt allein durch das Übergewicht der Textmassen die Reflexion zurück. Der Autorimagination gelingt auf diese Weise, woran Alfred Dorn, der auf die museale Sicherung realer Zeugnisse fixiert war, scheiterte: die Verteidigung der Kindheit.

Es kann hier nicht darum gehen, ein poetisches Konzept gegen ein anderes auszuspielen; das hat, freilich zugunsten Walsers, bereits der Laudator Schirrmacher geleistet. Dieser äußerte sich in der Paulskirche, ohne einen Namen zu nennen, abfällig

52 Walser, Ein springender Brunnen, S. 10

über einige Schilderungen von Kindheiten im Dritten Reich, in denen sich »wie durch ein Verwandlungswunder« ein »antifaschistische[r] oder pazifistisch liebliche[r] Charakter« herausbilde;[53] das Objekt der Kritik war nicht schwer zu erraten, zumal Schirrmacher 1990 eine gegen Christa Wolf gerichtete Kampagne angeführt hatte. Freilich entsprechen der kulturpolitischen Stoßrichtung Schirrmachers auch im Roman Passagen, die Walsers Meinungskampf fortführen.

Auf den ersten Blick überrascht dies. Ist die Vergangenheit als Realität aufgelöst, führt zudem jede Möglichkeit sinnlicher Konkretion in die Irre, so müßte sich jegliche Geschichtspolitik gleichermaßen legitim des nun neu zu Konstruierenden bedienen können. Dennoch legt Walser Wert auf einen Unterschied: In einer propagandistischen Passage klagt er an, was in der Friedenspreisrede als Zerstörungswerk mutwilliger Intellektueller erscheinen wird. »In Wirklichkeit wird der Umgang mit der Vergangenheit von Jahrzehnt zu Jahrzehnt strenger normiert. Je normierter dieser Umgang, um so mehr ist, was als Vergangenheit gezeigt wird, Produkt der Gegenwart. Es ist vorstellbar, daß die Vergangenheit überhaupt zum Verschwinden gebracht wird, daß sie nur noch dazu dient, auszudrücken, wie einem jetzt zumute ist beziehungsweise zumute sein soll. [...] Ethisch, politisch durchkorrigiert. Vorexerziert von unseren Gescheitesten, den Einwandfreiesten, den Besten."[54]

Schon das mittlerweile gewohnte ironische Lob für die gehaßten Intellektuellen deutet an, daß hier Ideologie die literarische Form beschädigt. Um der selbstgestellten Falle zu entge-

53 Vgl. Frank Schirrmacher, Sein Anteil. In: Martin Walser, Friedenspreisrede (vgl. Anm. 1), S. 29-51, hier S. 39.

54 Walser, Ein springender Brunnen, S. 282

hen, muß Walser zwei Arten der Vergangenheitskonstruktion unterscheiden: eine erzwungene, die dann auch die Gegenwart beschädigt – das ist die seiner Gegner –, und eine gültige, die natürlich die eigene ist. Letztere wünsche der Vergangenheit »eine Anwesenheit [...], über die wir nicht Herr sind«, und zeichne sich idealerweise durch ein »interesseloses Interesse an der Vergangenheit« aus.[55]

Der Trick, die eigene Politik als unpolitisch auszugeben, ist von der bereits zitierten Metapher vom »Traumhausbau« unterstützt. Sie deutet an, wie Walser den Widerspruch zu lösen versucht: »Lange genug geträumt. Jetzt bau. Beim Traumhausbau gibt es keine Willensregung, die zu etwas Erwünschtem führt. Man nimmt entgegen. Bleibt bereit."[56] Das Bauen steht dabei für das Erzählen. Stofflich findet das im Roman seine Entsprechung, indem Walser das Werden eines Schriftstellers erzählt, der wie er selbst lernt, der Sprache zu vertrauen: »Was durch die Sprache, also von selbst aufs Papier gekommen wäre, müßte von ihm nur noch gelesen werden. Die Sprache, dachte Johann, ist ein springender Brunnen."[57] Zwischen Vergangenheit und Gegenwart wird ein Drittes installiert, das Medium Sprache, das als vorgeblich selbsttätig das Dilemma aufheben soll. So erscheint plötzlich die Vergangenheit doch wieder zugänglich – freilich

55 Ebd., S. 283

56 Ebd., S. 10. Zuvor schon hatte Walser sich gegen jede Traumanalyse gewandt: »Träume zerstören wir auch, wenn wir sie nach ihrer Bedeutung fragen. Der ins Licht einer anderen Sprache gezogene Traum verrät nur noch, was wir ihn fragen.« (S. 9) Das entspricht der Friedenspreisrede, in der sich Walser in grob verkürzender Weise gegen Freud wendet: »Freud rät, Verdrängen durch Verurteilung zu ersetzen.« (W 11)

57 Ebd., S. 404f.

als Vergangenheit zweiter Ordnung, in der real allein die Traumtätigkeit in der Gegenwart ist.

Die Metapher vom springenden Brunnen übernimmt Walser aus Nietzsches *Also sprach Zarathustra*: »Nacht ist es: nun reden lauter alle springenden Brunnen. Und auch meine Seele ist ein springender Brunnen."[58] Im Kontext der Walserschen Erinnerungsthematik steht Seele hier einerseits für Verinnerlichung, Vereinzelung. Das unkontrollierte Sprechen ist ein Nicht-Gesellschaftliches.

Dies scheint in krassem Gegensatz zum Stofflichen des Romans zu stehen. Wasserburg, das Dorf, in dem Johann aufwächst, ist eine überschaubare Gesellschaft. Die faschistische Herrschaft erscheint nur in relativ milder Form; dies ist Walser keinesfalls vorzuwerfen. Das Dritte Reich konnte nur deshalb zwölf Jahre bestehen, weil Terror punktuell, nicht jedoch stets und überall herrschte. In welchem Grad Terror zum Herrschaftsinstrument wurde, mag von Dorf zu Dorf unterschiedlich gewesen sein. Dies als Ergänzung zu den medial präsenten Bildern von Mord und Krieg zu zeigen, erlaubte einen genaueren Blick auch auf die tatsächliche Machtausübung – vorausgesetzt, daß die Bilder, deren Allgegenwart Walser ja beklagt, präsent bleiben. Die Verfolgung von Juden und Homosexuellen ist nicht ausgeblendet, die Nazis sind dennoch keine Unmenschen, sondern gewinnen ihre Dominanz daraus, daß sie gut in die dörfliche Gemeinschaft integriert sind.

Den historischen Realitätsgehalt des Romans zu diskutieren, verfehlte jedoch seine Poetik. Sein zentrales Thema ist, wie ein Schriftsteller die Sprache gewinnt. Politik ist dabei für Johann,

58 Friedrich Nietzsche, Werke in drei Bänden, hg. v. Karl Schlechta, Bd. 2, S. 362; der Bezug bei Walser, a.a.O., S. 164.

so sehr sie gerade in den letzten Kriegsmonaten in sein Leben eingreift, eher nebensächlich. Der Titel des ersten Teils erfüllt die von Walser so gehaßten Erwartungen: »Der Eintritt der Mutter in die Partei«. Walser unterläuft die Erwartungen, indem er den Parteieintritt Weihnachten 1932 nur kurz abhandelt, dann aber die Bescherung aus der Sicht des Kindes um so ausführlicher beschreibt.[59] In der Folge verdrängen dann erste, pubertäre Liebesabenteuer Ansätze politischer Wahrnehmung. Dabei setzt sich Johann stetig mit zwei Sprachen auseinander: Die eine ist die der Politik, die er als nichtauthentisch erlebt – personifiziert durch den Nationalsozialisten Brunner, der in die zumeist dialektgefärbte Sprache des Dorfes neue, gewaltsame Elemente einführt.[60] Vor allem aber die Sprache der Kirche übt Druck aus auf den Heranwachsenden: Der Zwang, zu beichten und sein Gewissen zu veräußerlichen, führt zu Lüge und zu schlechtem Gewissen.[61] Noch in der Diskussion mit Bubis wird Walser den von den Intellektuellen ausgeübten Bekenntniszwang mit dem der katholischen Kirche parallelisieren.[62]

Als Bedingung von Kunst und literarischer Sprache gilt dagegen, ohne Angst zu leben. Die Opfer des Faschismus jedoch machen Angst. In der Nachkriegszeit klagt Johann: »Woher hätte er wissen sollen, daß Frau Haensel Jüdin ist? Er wollte von sich nichts verlangen lassen. Was er empfand, wollte er selber empfinden. Niemand sollte ihm eine Empfindung abverlangen,

59 Walser, Ein springender Brunnen, S. 89ff.

60 Vgl. z. B. ebd., S. 263, S. 272.

61 Vgl. z. B. ebd., S. 141f., S. 196ff.

62 »Verstehen Sie, man kann nicht das Gewissen binden, das ist kontraproduktiv, das produziert Lippengebet. Wenn man mit der katholischen Kirche aufgewachsen ist, dann weiß man, wovon man spricht.« (Wir brauchen eine neue Sprache für die Erinnerung, S. 40)

die er nicht selber hatte. Er wollte leben, nicht Angst haben. Frau Landsmann würde ihn mit ihrer Angst anstecken, das spürte er. Er mußte wegdenken von ihr und ihrer Angst."[63] Nicht, weil in Wasserburg die NS-Herrschaft vergleichsweise milde verlief, und auch nicht, weil Walser in seiner Erinnerung verklärt, ist also im Roman die Gewalt abgemildert: Die Verklärung ist Bestandteil der Poetik. Das Schöne, von dem Walser mit den Worten seiner Tochter in der Friedenspreisrede zu sprechen fordert, braucht nicht real zu sein. Es ist wirksam als Imagination.

III

Stets vom Schönen zu sprechen, wäre nicht möglich: Jegliche Spannung fehlte. Im *Springenden Brunnen* wie in der Friedenspreisrede muß deshalb Walser dem eigenen Impuls entgegen stets auf den Faschismus als Inbegriff des Schrecklichen zu sprechen kommen. Das Reale ist in Walsers Poetik, im *Springenden Brunnen* und in der Friedenspreisrede vorhanden, um aufgelöst zu werden. Das einheitliche Modell erlaubt es nicht, zwischen dem Roman als erlaubtem Ort für das Schöne einerseits und der politischen Äußerung andererseits zu unterscheiden.[64] Der Erfolg von Walsers Literatur beruht auch darauf, daß die Abwehr der Vergangenheit mehrheitsfähig ist. Gleichzeitg muß die Vergangenheit stets präsent bleiben, denn eine positive Bestimmung der deutschen Nation, die über den Erfolg auf dem Weltmarkt hinausginge, ist nicht abzusehen.

Vermittelt ist das Konzept über eine gewisse nostalgische Liebe

63 Walser, Ein springender Brunnen, S. 401

64 So Thomas Assheuer, Ein normaler Staat? In: Die Zeit, 12.11.1998, S. 55-56, hier S. 56.

zum Detail. Dies scheint widersprüchlich, denn die erinnerte Einzelheit steht auf den ersten Blick für Reales. Ein »Vorwort als Nachwort«, das den *Springenden Brunnen* beschließt, zeigt jedoch besonders deutlich, daß dem nicht so ist. Walser erklärt hier einige Dialektausdrücke, die er im Roman verwendet hat. Die scheinbare Konkretion ist aber sofort wieder instrumentalisiert: Das Hochdeutsche gilt Walser als sprachlich verarmt, »registriert und überwacht"; so steht es dem »Natürliche[n]« des Dialekts entgegen.[65] Das weist darauf hin, daß nicht der je konkrete Dialekt zählt, sondern das Dialektale schlechthin. In diesem Punkt ist Walser der Heimatliteratur verwandt, die in den ersten Jahrzehnten des zwanzigsten Jahrhunderts entstand und Stammescharaktere propagierte: Schon ein flüchtiges Hinschauen zeigt indessen, daß all die Friesen, Hessen, Pommern und Alpenländler mit den gleichen stereotypen Zügen ausgestattet sind und allesamt für eine antizivilisatorische Variante der modernen Nationenbildung stehen.[66]

Daraus ergeben sich zwei paradox wirkende Schlußfolgerungen: Je sinnlicher erstens die Einzelheiten in Walsers Literatur wirken, desto rücksichtsloser sind sie in ihrem Eigenwert zerstört. Die »Schönheit«, die so entsteht, ist zweitens eine antigeschichtliche und bewährt sich gerade deshalb an historischen Überblicken: In *Die Verteidigung der Kindheit* und *Der springende Brunnen* ist der Zusammenhang in Episoden aufgelöst. In den beiden Romanen hingegen, in denen Walser zielgerichtete Handlungen zu gestalten versucht, kann er seine Ideologie nicht integrieren.

65 Walser, Ein springender Brunnen, S. 412.

66 Vgl. hier Karlheinz Rossbacher, Heimatkunstbewegung und Heimatroman. Zu einer Literatursoziologie der Jahrhundertwende. Stuttgart 1975

Dies erlaubt auch, Walsers Gewissensbegriff genauer einzuordnen. In der Debatte um die Rede wurde der zunächst plausibel erscheinende Versuch unternommen, Walsers Auffassung vom Gewissen als protestantisch zu bestimmen.[67] Tatsächlich bedeutet der Protestantismus eine Verinnerlichung des Gewissens: Der Katholik kennt Beichte und Absolution, der Protestant dagegen muß stets zweifeln, ob er denn im Stand der Gnade lebt oder verworfen ist. Walser selbst vergleicht den Zwang, den die Intellektuellen angeblich ausüben, mit dem Veräußerlichungs- und Beichtzwang der katholischen Kirche.

Doch kennt der gläubige Protestant nur bedingt eine »tiefste innerliche Einsamkeit mit sich«, wie Walser Hegel zitiert. (W 21f.) Einsam ist er in seiner Selbstbefragung, doch gibt es stets mit Gott den Richter, der eine äußere Entscheidung treffen wird. Die Qualen, die so entstehen, lassen sich in Karl Philipp Moritz' *Anton Reiser* nachlesen. Noch in jener säkularisierten und nationalisierten Variante, auf die sich Walser beruft, in Kleists *Prinz von Homburg*, gibt es mit der Staatsraison eine übergeordnete Instanz; deshalb kann der Prinz nicht über sein Vergehen hinwegsehen, sondern ist zum Selbstopfer bereit.

Walser dagegen will wegsehen, wenn ihm die Belastung zu viel wird. Sein Gewissen ist durch seine Sprachpoetik konstituiert. Nur ein einziges Verbrechen kann es in diesem Zusammenhang geben: Auf äußerliche Realität hinzuweisen. Die Feindschaft gegen intellektuelle Kritik ist kein Ausrutscher und kein Nebenaspekt in Walsers Werk – wer Mißstände benennt, bedroht die geschlossene poetische Welt. Gleichzeitig aber bedarf diese Welt der Feinde, denn sie ist ja nur als bedrohte entwicklungs- und damit literaturfähig.

67 Vgl. etwa Brumlik, a.a.O., S. 20.

Wieso aber konzentriert sich Walser thematisch auf die Nation? Wie leistet er den Übergang vom innerlich vereinsamten Ich zum Sprecher der Gemeinschaft? Eine begrifflich entwickelte Lösung ist nirgends in seinem Werk zu finden. Vermutlich zwingt seine aggressive Feinderklärung Walser dazu, sich in einen Nationaldiskurs einzufügen, in dem sich in Deutschland vom achtzehnten Jahrhundert bis heute fast durchgehend Intellektuellenfeindschaft mit zumindest latent rassistischer Ideologie verbindet. Auch stellt der Völkermord an den Juden das größte Hindernis dar, an diese deutsche Tradition wieder anzuknüpfen. Wahrscheinlich deshalb sieht sich Walser gezwungen, stets aufs Neue auf diese Thematik einzugehen.

Jedenfalls ist die Gemeinschaft, die er so entwickelt, nirgends institutionell vermittelt. Sie entsteht aus der intimen Komplizenschaft von Autor und Leser, sie entsteht auch in der Gemeinde der Hörerschaft, die dem Festredner lauscht. Der Staat kommt nur im möglichen Gnadenakt seines höchsten Repräsentanten, des Bundespräsidenten, vor, der das Handeln der Justiz durchkreuzen soll. Rainer Rupp sei die Freiheit gegönnt, die jeder beliebige BND-Agent heute genießt: Im Kontext der Rede Walsers ist der Gnadenappell ein Aufruf zur völkischen Entdemokratisierung.

All dies schließt nicht aus, daß sich künftig ein Staat der von Walser vorbereiteten Ideologie bedienen kann; nur sind in der Konzeption selbst politisch-staatliche Prozeduren, die die poetisch bedingte Willkür der Gemeinschaft einhegen könnten, nicht vorgesehen. Die Verabsolutierung einer fragwürdigen Moral, Opfergehabe, dichterische Innerlichkeit und radikale Feinderklärung verbinden sich zu einer gefährlichen Mischung. Die vorsichtig abwägenden Reflexionen, die über die Rede hinweg verteilt sind, bedeuten gerade im Kontext des literarischen Werks betrachtet keine Relativierung. Im Gegenteil dienen sie Walser nur als Vorwand, Linke und bürgerliche Demokraten um so gehässiger zu attackieren.

Die Konzeption ist zwar in der Lage, Widersprüchlichstes zu integrieren, doch insgesamt von intellektuell geringem Rang: Die Widersprüche sind nicht intellektuell bewältigt, sondern in eine ressentimentgeprägte Haltung eingeschmolzen. Sie lohnt dennoch eine nähere Beschäftigung aus zwei Gründen: Ihr affirmativer Gestus macht sie erstens brauchbar für jede national ausgerichtete Politik. Beunruhigend ist zweitens der Anklang, den sie in weiten Teilen der Öffentlichkeit findet – das gilt auch für den kaum umstrittenen Romanautor Walser. Nicht jeder begeisterte Walser-Leser wird dabei zum aggressiven Nationalisten; doch gerade die unbegrifflich suggerierende Schreibweise des neuesten Romans dürfte bewußtseinsprägend wirken.

Nicht geklärt wurde hier die Frage nach der Kontinuität in Walsers Denken. Zu diesem Komplex existiert eine umfangreiche germanistische Forschungsliteratur, die sich besonders auf Walsers Meinung zur deutschen Einheit konzentriert. Leider ist sie zumeist apologetisch, was auch durch die Fachstruktur zu erklären ist: Berühmte Dichter der Vergangenheit gehören zum Pflichtprogramm und werden auch von Skeptikern erforscht – Gegenwartsautoren dagegen sind die Kür, und man befaßt sich meist mit denen, die man für wertvoll hält. Dennoch bietet die Forschung kurze interpretierende Hinweise auf Texte Walsers und bietet Ansatzpunkte für eigene Bewertungen.[68] Hier muß

---

68 Vgl. u. a. die prägnante und distanzierte Darlegung bei Helmut Peitsch, 'Antipoden' im 'Gewissen der Nation'? Günter Grass' und Martin Walsers 'deutsche Fragen'. In: Helmut Scheuer, Dichter und ihre Nation, Frankfurt a. M. 1993, S. 459-489; informativ auch Georg Braungart, »Ich habe nicht das Gefühl, daß ich mich bewegt hätte«. Martin Walsers 'Wende' zwischen »Heimatkunde« und »Geschichtsgefühl«.

der Hinweis genügen, daß wesentliche Themenkomplexe bereits in den sechziger Jahren, als Walser noch zur Linken gerechnet wurde, in seinem Werk auftauchen: *Bemerkungen über unseren Dialekt* formulieren schon damals ein ähnliches Lob des Natürlichen, wie Walser es dreißig Jahre später verkündet.[69] Eine *Heimatkunde*[70] findet sich ebenso wie bereits 1965 der Versuch, aus Auschwitz eine nationale Identität zu konstruieren und dabei jegliche Abstufungen von Schuld zu umgehen: »Wenn Staat und Volk überhaupt noch sinnvolle Bezeichnungen sind für ein Politisches, für ein Kollektiv also, das in der Geschichte auftritt, in dessen Namen Recht gesprochen oder gebrochen wird, dann ist alles, was geschieht, durch dieses Kollektiv bedingt, dann ist in diesem Kollektiv die Ursache für alles zu suchen. Dann ist keine Tat mehr bloß subjektiv. Dann ist Auschwitz eine großdeutsche Sache. Dann gehört jeder zu irgendeinem Teil zu der Ursache von Auschwitz."[71]

In: Walter Erhart, Dirk Niefanger (Hg.), Zwei Wendezeiten. Blicke auf die deutsche Literatur 1945 und 1989. Tübingen 1997, S. 93-114; Gerald A. Fetz, Martin Walser, Germany and the German Question. In: Heike Doane, Gertrud Bauer Pickar (Hg.), Leseerfahrungen mit Martin Walser. Neue Beiträge zu seinen Texten. München 1995, S. 11-28. – Insgesamt reagiert gerade die Auslandsgermanistik positiv auf Walser; dies erlaubt nicht den Schluß, die Angst vor Nationalismus sei ein deutsches Phänomen. Vielmehr ist Walser für Fremdsprachler idealer Lernstoff, da er sprachlich nicht allzu komplex ist und auf der Textoberfläche bundesdeutsche Realität verhandelt, also auch landeskundliche Lehreinheiten abdeckt. – Bis Manuskriptabschluß war mir nicht zugänglich: Jürgen Bongartz, Der Heimatbegriff bei Martin Walser, Köln, Diss. 1996.

69 Martin Walser, Bemerkungen über unseren Dialekt. In: Werke, Band 11, S. 214-219.

70 Martin Walser, Heimatkunde. In: Werke, Band 11, S. 265-274.

71 Martin Walser, Unser Auschwitz. In: Werke, Band 11, S. 158-172, hier S. 170.

Das ist schlampig gedacht und formuliert: Das Politische wird kurzerhand – »also« – mit einem »Kollektiv« gleichgesetzt, das nichts weniger als das ganze Volk zu sein hat. Dieses Volk soll auch noch »die Ursache für alles« sein. Völlig rätselhaft ist, weshalb hier etwa eine kommunistische Widerstandskämpferin als Mitursache von Auschwitz gilt. Implizit stellt Walser auch deutsche Juden vor die Wahl, sich schuldig zu fühlen wie der Rest oder sich aus der nationalen Gemeinschaft zu entfernen. Offensichtlich kann auch der frühe Walser sich Volk nur als homogene Gruppe vorstellen, nicht aber als Gesellschaft mit gemeinsamer Geschichte, in der es Konflikte gibt. Dies genauer zu untersuchen, muß aber einer eigenen Studie vorbehalten bleiben.

Lea Rosh

»Die Juden, das sind doch die anderen«! [1]

Ich lese in den Zeitungen und Zeitschriften, lese und höre, was zu dem Thema »Denkmal für die ermordeten Juden Europas« gesagt und geschrieben wird, höre und lese die Rede von Walser und die Reaktionen darauf, lese, was Klaus von Dohnanyi an Ignatz Bubis schreibt, und wie Herr Augstein vom Nationalisten zum Antisemiten mutiert, der sich wirklich nicht geniert, das Wort »Weltjudentum« wieder in das deutsche Vokabular einzuführen, das sich, so Augstein, gegen uns Deutsche verschwört und einen, natürlich jüdischen, Architekten aus New York losschickt, der uns sein »steinernes Brandmal aufzwingt«, dabei war Peter Eisenman von der Findungskommisssion im Auftrag der Auslober ausdrücklich zur Teilnahme an der 2. Wettbewerbsstufe eingeladen worden.

Und deshalb wird die Rede eben nicht freundlich, auch wenn ich mir sage, was viele sagen, daß man bei Augstein doch wirklich nicht überrascht sein muß, diese Haltung ist nicht neu, nur jetzt ungenierter publiziert als früher, und daß man das, was er schreibt, schon lange nicht mehr ernst nimmt und auch nicht mehr ernst nehmen müsse.

Mag sein. Ich streiche diese antisemitische Argumentation aus meiner Liste. Lohnt vielleicht wirklich nicht. Aber das, was übrigbleibt an Bedrückendem, ist nicht unerheblich.

Natürlich hat Hans-Jochen Vogel recht: »Walser ist nicht die Welt«.

---

1 Entnommen aus: Lea Rosh u.a., Ein deutsches Denkmal. Der Streit um das Denkmal für die ermordeten Juden Europas, Philo Verlag (erscheint im Mai 1999).

Und doch spiegeln Walsers Rede und der Beifall dafür und die Debatte mit Bubis und die Briefe von Klaus von Dohnanyi ein Stück Zeitgeist wieder, den Moshe Zuckermann bei uns ausmacht und wie folgt definiert: Daß nämlich »... dem Nichtvergehen-Wollen der Vergangenheit aus dem vorigen Jahrzehnt nun das Wegschauen (-Wollen) vom Unerquicklichen nämlicher Vergangenheit folgt«. Nur, wir erleben eben auch im neuvereinigten Deutschland, daß das nicht funktioniert. Und zwar deswegen nicht, weil zu viel geschehen ist in diesem Jahrhundert.

»Wir sind wieder wer«? Aber wer?

»Wir sind ein normales Volk«? Aber: Was ist das?

Wir können nicht wegschauen, selbst wenn wir es wollen. Ich meine, wir sollten es nicht, wir können es aber auch garnicht. Ein Völkermord, ein solcher Völkermord, wie der, der begangen wurde in deutschem Namen und von Deutschen und Österreichern (und den Kollaborateuren), versperrt uns den Weg in die von vielen so gewünschte, von vielen so ersehnte Normalität.

Wir sind in den letzten 50 jahren ziemlich demokratisch geworden, sind nicht unnormal, aber halt belastet. Und diese Last können wir nicht abwerfen, nicht einfach hinschmeißen, wir können nicht an irgendeiner Markierung unserer Geschichte einsteigen und dort weitermachen, als hätten die Jahre 1933-1945 nicht stattgefunden mit allen Verbrechen. Damit müssen wir leben, damit müssen wir uns auseinandersetzen, wie die Diskussion der letzten Monate gerade beweist. Es ist auch ein Verdienst unserer Bürgerinitiative, diese Diskussion mit der Idee zum Denkmal initiiert, ja, erzwungen zu haben. Aber was zeigt diese Diskussion?

Die Rede von Martin Walser hat mit einem Tabu in diesem Land gebrochen, hat Dinge benannt, die zuvor so nur in der »Deutschen Soldatenzeitung« benannt worden sind. Hätte es jemand in der etablierten Politik getan, wäre er geächtet worden.

Walser ist nicht einmal laut und vernehmlich widersprochen worden, außer von einigen wenigen, Ingrid Bachér zum Beispiel, Hans-Jochen Vogel zum Beispiel, und einigen wenigen Juden, an einer Hand abzuzählen. Im Gegenteil: Zustimmung und Beifall allseits. Das hat einen Vorhang zerrissen, der vorher vieles verdeckt hatte.

Ist das gut? Nützt das? Wissen wir jetzt wenigstens, wie Bubis sagt, was unter der Decke los ist, was die schweigende Mehrheit denkt, wer wo steht?

Hans-Jochen Vogel, der Nichtjude, ist eine Ausnahmeerscheinung unter den Politikern, weit und breit. Er hat, als einer der ganz wenigen seiner Generation, kürzlich bei der Verleihung des Heinz-Galinski-Preises offen über seine HJ-Zugehörigkeit gesprochen. Und darüber, daß er sich heute dafür geniere, Haßlieder gegen die Juden mitgesungen zu haben, und daß er verblendet war. Endlich mal einer, der was zugibt. Endlich mal einer, der das sagt.

Endlich mal einer, der richtige Schlußfolgerungen daraus zieht.

Die anderen, die Walsers und Augsteins, werden mit ihrer Geschichte eben nicht fertig. Man muß nur ihr Alt-Männer-Gespräch nachlesen: Zwei Veteranen, der eine aus einer katholischen, der andere aus einer Nazi-Familie, zwei aus der, wie Tilman Fichter sagt, »Flakhelfergeneration«, die davon träumen, Zitat: »sich politisch nicht mehr ducken zu müssen ... Das geht nicht mehr. Das ist jetzt zu Ende. Wir sind ein normales Volk ...«.

Eben nicht. Wir sind kein »normales Volk«.

Wir sind ein Volk mit einer sehr besonderen Vergangenheit. Die werden wir nicht los, auch wenn die beiden, und viele andere, das gerne hätten.

Nicht wegschauen, sondern hinschauen, heißt die Losung.

Und noch etwas zeigt die Diskussion:

Nun sind die Juden wieder endgültig »Die Anderen«. Sie gehören nicht mehr dazu. Gehörten sie dann vorher dazu? Oder war das ein Trugschluß?

Wenn sie dazugehört hätten, wäre es doch nicht so leicht, sie wieder ins Abseits zu stellen. Bei uns hieß und heißt es immer noch: Deutsche *und* Juden. Als ob die Juden keine Deutschen wären. Ich habe in den Ländern, die ihre Juden gerettet haben, und das waren in Europa immerhin 7 Länder, oft den Satz gehört: »Wir lassen uns doch unsere Juden nicht wegnehmen«. *Unsere* Juden. Schöner Satz. Aber gilt er bei uns? Sind unsere Juden wirklich *unsere* Juden?

Es sieht nicht so aus, als hätte sich bei uns etwas geändert.

In Baden-Württemberg gibt es ein Dorf, es heißt *Buttenhausen*.

Ein Dorf mit heute 800 Einwohnern. Bis 1933 hatten in diesem Dorf Jüdinnen und Juden gelebt. Mitten durch das Dorf ging und geht eine Straße, die Trennlinie zwischen dem jüdischen und christlichen Teil. Juden und Christen heirateten nicht untereinander. Aber sie lebten in guter Nachbarschaft miteinander. Mehr als 300 Jahre. Das gute nachbarschaftliche Verhältnis hielt bis 1933. Dann hat denn doch die NS-Propaganda ihre Wirkung getan. Die Nachbarn wurden nicht zu Untermenschen, das nicht: »Aber oifach als Trennung praktisch«, sagte mir eine Frau aus Buttenhausen und meine diesbezügliche Frage, »aber halt so: Mir senn jetzt das, die Arier, und das is an Jud, is an andrer Stamm.«

Als ich mir das Dorf genauer ansah, traf ich auf dem alten jüdischen Friedhof einen weißhaarigen Mann, der mit einer Handbürste die alten vermoosten Grabsteine säuberte. Ein merkwürdiger Mann. Ein, wie er selbst von sich sagte, »Reingeschmeckter«.

Er hatte die Geschichte des Dorfes auf Dachböden entdeckt und dann die Bewohner mit List und wunderbarer Sturheit gezwungen, sich dieser Geschichte zu stellen. Warum er das getan hatte, wollte ich wissen?

»Erschtens«, sagte er, »weil mich, als ich die Akte gefunden habe, über die christliche und jüdische Bürger, mich das fasziniert hat, gerade in die Geschichte der jüdische Bürger hineinzulebe. Sie sind zum Beispiel hier aufgewachse, haben hier ihr Jugend verbracht, des sind doch Bürger von Buttenhausen! Die sind hier gebore, haben in der Gemeinde mitgewirkt, daß diese Gemeinde damals diesen hohen Lebensstandard gehabt hat, bis 1933, und ich hab′ mir des einfach nit vorstelle könne, daß man über dieses Thema nit mehr spreche solle.«

Er stellte diese Geschichte im Schloß mit Fotos und Dokumenten aus, die das Leben und Wirken der Juden von Buttenhausen nachzeichneten, ein schönes, ein buntes, ein reiches Leben, und lud schließlich vier der Überlebenden, die jetzt in den USA lebten, nach Buttenhausen ein.

An diesem Treffen durfte ich teilnehmen, mit meinem Fernsehteam.

Natürlich hatte sich das im Dorf wie ein Lauffeuer verbreitet.

Meine Bemühungen, vor der Ankunft der Jüdinnen und Juden aus den USA, Interviews mit den Dorfbewohnern aufzunehmen, die damals mit den Juden bekannt oder befreundet waren, waren nicht überwältigend erfolgreich. Die Ausbeute: Abwehr, Leugnen, Nichtwissen, sich an nichts erinnern können. Also warten auf die Eingeladenen. Das Treffen fand in einer Dorfkneipe statt. Beklemmung, aber auch Freude, auf beiden Seiten. Austausch von Erinnerungen. Auslassen aller möglichen Peinlichkeiten. Aber dann kam die Rede doch auf das Haus, in dem die Jüdin mit ihren Eltern und Geschwistern gelebt hatte. Bis sie das Dorf eben verlassen mußte. Sie fragt eine der älteren Frauen am Tisch, fragt nach dem Haus, fragt einfach so, ob sie noch darin wohnte. Verlegenheit am Tisch. Mit Recht. Denn es kommt heraus, daß das Haus für fast garnichts erstanden worden war. Rosel, so heißt die Jüdin, bekommt rote Flecken im Gesicht. Sagt nichts. Die Beklommenheit nimmt zu. Nun ist es nicht mehr möglich, so einfach Erinnerungen auszutauschen. Und so fragt denn Walter Ott, der unverstellte weißhaarige Bauer, in die Runde hinein: »Haben Sie sich vor der Deportation von de Jude verabschiede könne?«

Schweigen.

Dann sagt schließlich eine von ihnen: »Ja, als die Dreyfuß-Fraue gesagt habe, daß Maria nit kommt, adieu zu sage, da senn mir naus. Und da hat die Bertha mich in den Arm gnomme und gsagt: 'Maria, Du hast so a großes Haus, Du kannst mi doch verberge'. Und da sag i: 'Bertha, da werd' i au verschosse'. 'Ja meinscht Du, i werd' verschosse'? »Ja, noi, Du wirsch net verschosse, aber des kann i net mache!' Und sie fügt hinzu: 'Und die hat sich a paar Mal das Lebe nehme wolle, die Bertha. Ja. Die hat paar Mal was eingenomme'«.

Ich fragte sie, ob sie wußte, daß das ein Abschied für immer sein würde?

»Ja, ja«, antwortete sie, »die sind ja gleich ums Lebe komme«.

Walter Ott, etwas perplex, fragt nach: »Ah, das ham Sie gwußt«?

Antwort: »Ja, ja, daß sie schnell wegkommet. Freili ham wir das gwußt«.

Freili. So einfach war das.

Rosel sagte nichts mehr. Sie hatte zwei Nichten aus Amerika mitgebracht. Ich glaube, zu ihrem seelischen Schutz. Den brauchte sie dringend, so wie sie auf ihrem Stuhl saß, so unendlich einsam, hier, in ihrer Heimat, mitten in ihrem Dorf. Die beiden Mädchen streichelten den Arm der Rosel. Der laufen die Tränen über die Wangen. Ihre Fassung ist dahin.

Walter Ott, der Bauer, hakte noch einmal nach: »Das hat man also gwußt!?«

»Ja, das hat man halba gwußt, eigentlich, ja«:

Sieben Kilometer von Buttenhausen entfernt liegt das ockerfarbene Barockschloß Grafeneck. Es liegt auf einer Anhöhe, anmutig schmiegt es sich in die Landschaft, zwischen Säulen und Kariatyden lächeln pausbäckige Engel in das Tal hinab. Der okkerfarbene Anstrich gibt dem Schloß die für Barockschlösser gewohnte Heiterkeit und Grazie. Es war während des Jahres 1940 das erste Tötungszentrum für das, was die Nazis »Vernichtung unwerten Lebens« nannten. Euthanasie also. Diesem Mordprogramm fielen in Grafeneck an die 10000 Menschen zum Opfer. Sie wurden vergast und anschließend verbrannt, in eigens dafür auf dem angrenzenden Waldgelände errichteten Holzgebäuden. Die Opfer wurden in den hölzernen Kammern eingesperrt, das Zyklon B wurde, wie in Auschwitz und Majdanek, in einen in der Decke versteckten Schacht geschüttet, die sich bildenden tödlichen Gase in die Kammern geleitet. Daran erstickten die wehrlosen Opfer.

In Buttenhausen gab es auch ein Heim für geistig Behinderte. Trotz des Protestes des Heimleiters fuhren die schwarzen Busse mit den von innen weiß zugestrichenen Fenstern auch vor diesem Heim vor und holten die Behinderten ab. Die wußten nicht ganz genau, was ihnen geschah. Aber daß sie mit ihren Fäusten gegen die Fenster und gegen die verriegelte Tür schlugen, vergebens natürlich, das wußte und hörte jedermann in Buttenhausen, der bei der Abholung Zeuge war. Auch das geschah am hellichten Tag.

Nachdem nun in unserer Runde klargeworden war, daß die Christen von Buttenhausen sehr wohl wußten, was ihren jüdischen Nachbarn geschehen würde, kam die Rede auf Grafeneck. Die Tochter des Heimleiters erzählte von dem tapferen Widerstand ihres Vaters gegen die Abholung.

Alle mischten sich ein, alle wußten auch das.

Aber mehr noch: Die alte Frau, die in dem Haus von Rosels Eltern wohnte, das sie für ein Nichts erstanden hatte von den Nazis, war gut vorbereitet auf diese Begegnung. Sie holte Protestbriefe aus der Tasche. Protestbriefe gegen die Abholung und Tötung der geistig Behinderten, die geschrieben worden waren, nachdem mehr und mehr Bewohner von Buttenhausen und der Umgebung aufgefordert worden waren, die Urne mit der Asche ihrer Angehörigen abzuholen. »Verstorben an plötzlicher Lungenentzündung«, hieß es in dem Anschreiben. Aber die Bewohner wußten genau, was der Rauch über dem Wald zu bedeuten hatte. Ihr Vater, sagt die Tochter des Heimleiters, habe sich neben dem Landrat an höchste Stellen gewandt. Er könne die Bürger nicht mehr davor zurückhalten, jetzt einen Aufstand zu machen, er wolle damit einfach dafür sorgen, daß diesem Entsetzlichen ein Ende gemacht wird. »Und ich weiß«, sagt sie, »daß dann diese Aktion in Grafeneck abgebrochen wurde, nach einigen Wochen, und dann eine andere Einrichtung in Norddeutschland eingerichtet wurde, in Hadamar.«

Die Nichten von Rosel streicheln noch immer ihren Arm. Rosel zerdrückt ein weißes Spitzentaschentuch in der Hand.

Ich frage in die Runde: »Hat der Landrat denn auch gesagt, er würde einen Aufstand machen, oder die Leute hier würden einen Aufstand machen, beim Abtransport der Juden, oder galt der Aufstand allein den geistig Behinderten?«

Kleine Pause.

Dann, schnell, spitz und nachdrücklich sagt die alte Frau aus Rosels Haus: »Die Behinderten, das waren Familienangehörige«.

Atemholer. Und dann: *»Die Juden, das waren doch die anderen«!*

Kein Film, den ich je gemacht habe, hat mich mehr gelehrt als dieser über das Dorf Buttenhausen. 300 Jahre Nachbarschaft, Wohnen, Leben, Arbeiten Haus an Haus. Es reicht nicht. Die Juden gehören einfach nicht dazu.

Und noch etwas habe ich in Buttenhausen erfahren. Von Rosel. Ich habe sie zur Seite genommen, weil ich eine erneute Demütigung fürchtete, als ich sie fragte, was ihr die Nachbarn zum Abschied gesagt hatten.

Natürlich hoffte ich etwas zu hören wie: Ich versteck´ Dich, oder: Ich weiß ein Versteck für Dich ... Rosel sah auf ihre Schuhspitzen. Dann sagte sie, leise stockend, zögerlich:

»Sie haben mich nach meinem Silber gefragt. Nach meiner Aussteuer.«

Robert Kempner hat es einmal einen »Riesenraubzug« genannt. Es gab eben viel zu holen bei den jüdischen Nachbarn. Silber, Sessel, Kanzleien, Chefarztpositionen, Dirigentenposten.

In Düsseldorf gibt es zur Zeit eine Ausstellung, die davon berichtet. Ihr Titel: »Deutsche verwerten jüdische Nachbarn«. Alltägliche Profiteure werden hier mit Namen genannt. Spediteure wie Kühne & Nagel, die die Hinterlassenschaft von Juden aus den besetzten Ländern ins Deutsche Reich bringen. Im Oktober 1943 wird in Antwerpen ein Schiff mit fast 4000 Kubikmetern »Wohnungseinrichtungen« beladen. Zielort: Köln. Dort können die deutschen Nachbarn die Fracht ersteigern. Und sie tun es. Es waren nicht nur die Banken und Konzerne, die »braunen Horden«, die profitierten, nein, auch die deutsche Bevölkerung zog ihren Profit aus Enteignung, Deportation und Mord. »Gewöhnliche Bürger«, sagt Prof. Wolfgang Dreßen, der Leiter der Ausstellung, »griffen zu, sie bekamen Quittungen und Steuerbescheide.«

Dreßen hat die Düsseldorfer Schau als Wanderausstellung geplant, das Interesse war bisher gering. Auch auf den Besuch von Finanzminister Lafontaine zur Ausstellungs-Eröffnung wartete Dreßen vergeblich, obwohl die Ausstellung doch Aufschluß gibt über das Gebaren der Finanz-Behörden damals.

Obwohl, oder weil?

Was ist in ihnen vorgegangen?

In denen, die Rosel um das Silber angingen. In denen, die

wußten, daß die Nachbarn »verschossen« würden, und doch meinten, sie könnten ihnen nicht helfen. In denen, die Inventar und Hausrat ersteigert haben für Pfennige. In denen, die Möbel und Unterwäsche von Nachbarn weiter verwendeten?

Statt Protest herrschte Schweigen.

Statt Scham herrschte Profitgier.

Statt ihren Nachbarn in ihrer größten Not zur Seite zu stehen, ließen sie sie allein.

Und alle haben fast alles gewußt.

Es gibt keine Entschuldigung, es gibt keine Ausrede.

Wir würden es gerne vergessen. Aber es ist doch geschehen.

Und es geschah alles am hellichten Tage, unter den Augen aller.

Ich weiß, der Terror war bei uns am schlimmsten. Aber dennoch, aber dennoch: In anderen Ländern haben sich die Bevölkerungen anders verhalten. In: Italien, Belgien, Dänemark, Finnland, Bulgarien, Norwegen. Und auch in Frankreich. Sie haben versucht, »ihre Juden« zu retten. In Dänemark ist es fast ganz gelungen, in Bulgarien wurden alle 50000 gerettet. In Belgien ist die Hälfte der Judenheit gerettet worden. Durch Widerstand und Phantasie, mit Herz und Bauch. Auch in Norwegen wurde die Hälfte der jüdischen Bevölkerung ins rettende Schweden geschafft. In Frankreich wurden, trotz Vichy, trotz Pétain und Laval, von 320000 Jüdinnen und Juden 75000 verschleppt und ermordet, aber die anderen, 245000, eben nicht. Und in Italien wurde erst deportiert, nachdem die vordem mit Italien alliierten Deutschen das Land besetzt hatten. Von 42000 Menschen jüdischen Glaubens kamen 7000 nach Auschwitz, 8000 konnten in die Schweiz entkommen, mit Hilfe der Italiener, und alle anderen, 27000, wurden von Italienern in Italien versteckt.

Die deutsche Bilanz ist bedrückend, die Österreichs auch. Weil vergleichsweise so Wenige gerettet wurden. In Deutschland etwa 3000. In Österreich 180. Die Juden sind eben *»Die Anderen«*.

Und in beiden Ländern waren die Juden nicht nur integriert, sondern assimiliert. So sehr, daß sie glaubten, ihr Eisernes Kreuz aus dem 1. Weltkrieg könnte sie vor dem Tode retten. Aber die Schergen ließen sich davon nicht beeindrucken. Die Bevölkerung auch nicht. Wie Buttenhausen uns lehrt. Buttenhausen ist eben nicht nur in Baden-Württemberg. Buttenhausen ist überall, bei uns.

Die sogenannte »Friedensrede« von Martin Walser hat mehr Zustimmung als Protest erfahren. Ein Protest unserer Politikerinnen und Politiker blieb, mit einer Ausnahme, aus. Ignatz Bubis blieb allein. So allein wie auf dem jüdischen Friedhof in Berlin, auf dem das Grab von Heinz Galinski nun schon zum zweiten Mal geschändet wurde. Diesmal gründlicher als beim ersten Mal.

Ich zitiere F.C. Delius, aus einem Artikel mit dem Titel: »Wo bleiben die Politiker?«: »Gegen einen Ehrenbürger Berlins wird ein Anschlag verübt, wie er infamer kaum zu denken ist – und was tut der regierende Bürgermeister? Er ist betroffen, er sagt seine Sätze – aber er kommt nicht auf die Idee, bei seinen ständigen Fahrten durch die Stadt einen Umweg über die Heerstraße zu machen und am geschändeten Grab markante Worte zu sagen. Ist das zuviel verlangt von einem schlappen Politiker, der sich schon von einem nicht vorhandenen Mahnmal belästigt fühlt? Und die Regierung? Der Bundeskanzler mag mit seinem Ringen um ein Bündnis für Arbeit entschuldigt sein. Aber warum schickt er keinen Minister? Oder warum kommt kein Minister auf die Idee einer demonstrativen, nicht nur verbalen Solidarität?« »Die Reaktionen der deutschen politischen Führung lassen zu wünschen übrig«, sagt Miryam Shomrat, die Generalkonsulin Israels in Berlin. Und das ist eine höfliche Umschreibung dessen, was Delius in seinem Artikel von der Politologin Rommelspacher zitiert: »Der Christ will seinen Frieden, der Jude sorgt für Unruhe«, während es ja in Wahrheit umgekehrt ist.

Es ist lästig, mit diesen Dingen konfrontiert zu sein, auf sie aufmerksam gemacht zu werden. Die Rolle des Überbringers der schlechten Botschaft ist schon immer eine lästige, ja, wie wir wissen, gefährliche gewesen. In der Antike wurde der Überbringer einfach getötet. Jetzt wird er öffentlich attackiert. Nicht der Verursacher ist schuld, der Überbringer ist der, auf den mit Fingern gezeigt wird. Das hat auch Ignatz Bubis erfahren müssen. Das ist eine neue Erfahrung für ihn, nach den Jahren der schon fast devoten Ehrerbietung. Er ist lästig geworden. **ES** ist lästig geworden. Er stand nicht nur am Grab von Heinz Galinski allein. Er war nach seiner Kritik an Martin Walser auch ziemlich allein. Friedman und Giordano hatten sich zu Wort gemeldet. Juden. Aber sonst? **ER** mußte die Juden verteidigen. Nun kann man sagen, das gehöre zu seinem Amt. Aber es gehörte auch zu einem politischen Mandat, bei einer solcherart geführten Debatte einzugreifen. Bubis ist nicht nur allein gelassen, er ist auch beleidigt worden. Auch das geschah ohne großen öffentlichen Protest. Das heißt: Die Juden müssen sich gegen Diskriminierung selbst verteidigen, neuerdings. »Die anderen sitzen beim Sonntagsbraten und wollen ihre Ruhe haben«, sagte mir neulich jemand.

Nur, so bekommen sie keine Ruhe. So bekommen wir keine Ruhe.

Wir müssen uns angewöhnen, zu kämpfen. Demokratie und Bürgerrechte müssen nicht nur erkämpft, sondern auch verteidigt werden. Sonst müssen wir uns, wie in dem berühmten Spruch von Niemöller, eines Tages umsehen und feststellen, daß niemand mehr da ist, der uns verteidigt.

Die Rede von Martin Walser war nicht nur »unsäglich dumm«, wie Edzard Reuter konstatierte, der Sohn des in die Türkei emigrierten SPD-Politiker Ernst Reuter, sie war auch wehleidig. Voller Selbstmitleid. **ER** will seinen Seelenfrieden, hat er zu Bubis gesagt: »Herr Bubis, das sage ich Ihnen, ich will meinen Seelenfrieden, verstehen Sie«. **ER** kann »Auschwitz« nicht mehr ertragen.

Wieso **ER**? Was ist mit den Opfern? Diese Verdrehung ist eine selbstmitleidige und törichte Anmaßung. Sollen die Opfer die Täter beruhigen?

Aber Walser bleibt auch Erklärung und Rechtfertigung anderer Begriffe wie »Moralkeule«, Ritualisierung«, »Drohroutine« und »Instrumentalisierung« schuldig. Wer droht ihm? Womit? Wo? Wer zwingt ihn dazu? Er beklagr sich über die Belästigung durch die tägliche Präsentation von Auschwitz in den Medien. Auch dies nichts weiter als eine nicht belegbare Behauptung. Täglich? Jeden Tag wird uns in den Medien Auschwitz vorgehalten? Es gibt keine Dauerpräsentation von Auschwitz in den Medien. Die gibt es nur in den Vorstellungen von Herrn Walser, der sich beeinträchtigt fühlt, belästigt, gestört. Gestört, worin eigentlich? Er kann das Fernsehen abschalten, die Zeitung nicht kaufen, die Illustrierte ignorieren. So viel hätte er damit gar nicht zu tun. Er kann seine Bücher schreiben, hat kein Redeverbot, kann weiter parlieren.

Dazu Hans-Jochen Vogel: » ...wer oder was ist eigentlich gemeint? Zu welchem konkreten Zweck wird Auschwitz instrumentalisiert? Nach dem wolkigen Wortlaut mancher Passagen könnte ja sogar der Bundespräsident gemeint sein, weil er vor kurzem den 27. Januar zum Gedenktag bestimmt hat: Den Tag, an dem Auschwitz befreit wurde. Ist das auch – um eine Walsersche Wortprägung aufzugreifen – ein Zwang zum »grausamen Erinnerungsdienst«?

Einer auch nur etwas genaueren Analyse hält die Rede mit ihren Anschuldigungen einfach nicht stand. Sie bleibt Beweise schuldig und reduziert sich auf die Beschreibung des Seelenzustandes des Herrn Walser, die uns nicht weiter interessieren müßte, würde sie nicht weitere Offenbarungen nach sich gezogen haben.

Zum Beispiel in seinem Streitgespräch mit Ignatz Bubis. Bubis erklärt sich nach langem Zögern unter gesellschaftlichem Druck dazu bereit. Er hätte es besser bleiben lassen sollen. Denn darin mußte er sich von Walser beleidigen und zurechtweisen lassen.

Erstes Beispiel, wörtlich Walser:

»...Und, Herr Bubis, da muß ich Ihnen sagen, ich war in diesem Feld (gemeint ist die Beschäftigung mit der Vergangenheit) beschäftigt, da waren Sie noch mit ganz anderen Dingen beschäftigt: Sie haben sich diesen Problemen später zugewendet.«

Dazu kommentiert Bernd F. Lunkewitz, der Verleger des Aufbau-Verlages in Berlin: »Weiß er (Walser) nicht, daß Bubis auf 'diesem Feld beschäftigt' war, schon seitdem die deutschen KZ-Schergen sich mit ihm und seiner Familie 'beschäftigt' haben? (Nämlich in Treblinka) Und was meint er mit »ganz anderen Dingen«? Etwa die typisch jüdischen Spekulations- und Geldgeschäfte? Walser kennt das Stück von Fassbinder und hält womöglich die Figur des Juden darin für das wirkliche Abbild des Herrn Bubis.«

Zweites Beispiel, wieder wörtlich Walser auf das Angebot von Bubis: »...nehme ich den Ausdruck geistiger Brandstifter zurück.« Walser: »Das brauchen Sie nicht. Ich bin keine Instanz, vor der man was zurücknimmt. Ich bin kein Offizier aus dem Casino. Ich brauche das nicht.«

Dazu noch einmal Lunkewitz: »...Walser reagierte hochmütig, arrogant und frech auf ein versöhnliches Angebot aus dem Zentralrat der Juden in Deutschland. Er hat sich in dem Gespräch Frechheiten erlaubt, die sich nur durch seinen gesteigerten Nationalismus erklären lassen... Ein deutscher Mann erträgt sowas nicht, schon gar nicht von einem Juden.«

Überschrieben ist der Artikel mit: »Lieber Herr Bubis, geben Sie nicht auf«.

Aufgeben wird Ignatz Bubis wohl nicht. Aber er wird sich merken müssen, daß er wieder zum Andern gemacht wurde. Und er wird sich merken müssen, wer auf welcher Seite steht.

Da ist zum Beispiel sein Briefwechsel mit Klaus von Dohnanyi. Der Jude Bubis redet den Nichtjuden vertraulich mit: »Lieber Herr von Dohnanyi...« an. Dieser, als Kind selbst in den Strudel der Verfemung gerissen, glaubt sich herausnehmen zu können, Bubis mit: »Sehr geehrter Herr...« in die Schranken zu weisen. Worauf dieser endlich begreift, daß seine ausgestreckte Hand nicht ergriffen, seine Vertrautheit nicht erwidert wird. Also geht er, wie es sich gehört für den Juden, auf Distanz mit: »Sehr geehrter Herr...«.

Er muß sich aber auch Belehrungen bieten lassen, nämlich darüber, daß die Opfer auch nicht besser sind als alle anderen. Denn es »müsse auch jeder jüdische Deutsche sich selbst prüfen, ob er damals soviel tapferer gewesen wäre als die vielen nichtjüdischen deutschen Zuschauer, wenn im Dritten Reich 'nur' die Homosexuellen oder die Roma in die Vernichtungslager geschleppt worden wären.« Das zu diskutieren ist, wenn überhaupt, höchstens den Juden selbst erlaubt. Nicht erlaubt ist es aber einem Nichtjuden, schon gar nicht gegenüber einem Juden mit der Vita eines Ignatz Bubis. Und: Welche Funktion soll diese Fragestellung denn haben? Doch nur die einer Entlastung der nichtjüdischen Deutschen und ihrer Schuld. Oder ihrer Schande, wie sich Walser auszudrücken beliebt. Er wendet sich gegen die »unaufhörliche Präsentation unserer Schande«. Wird die »Schande« geringer, wenn wir sie verstecken? Und wie macht man das? Und wohin stecken wir sie? Und meinen wir »Schande« oder nicht doch »Verbrechen«, wenn wir von Auschwitz sprechen? Auschwitz war doch wohl mehr als eine Schande, war ein

Jahrhundertverbrechen. Und wenn das nicht »unaufhörlich präsentiert« werden soll, dann ist doch wohl der berühmte Schlußstrich gemeint. Was sonst? Es geht um den »Seelenfrieden« halt.

Es gibt gar keinen Interpretationsspielraum: Walser meint, was er sagt, und die Rede ist gar nicht mißzuverstehen. Walser sagt das selbst: »Ich bin nicht mißverstanden worden.«

Mich hatte diese Rede übrigens nicht sonderlich überrascht. Ich war darauf gefaßt. Denn vor dieser Rede gab es schon Walsers Äußerungen zu dem in Berlin geplanten »Denkmal für die ermordeten Juden Europas«. Walser: »Keine Nation auf der Welt dokumentiert ihre größte Schande.«

Dazu:

Erstens: Es gibt kein vergleichbares Verbrechen. Der Mord an den Juden Europas ist einzigartig. Einzigartig sind Vorsatz und Ausführung. Zitat Eberhard Jäckel: »Niemals zuvor hatte ein Staat beschlossen, eine von ihm bestimmmte Menschengruppe einschließlich der Alten, der Frauen, der Kinder und der Säuglinge ohne jegliche Prüfung des einzelnen Falles möglichst restlos zu töten... und hatte sie ...zumeist über große Entfernungen in eigens zum Zweck der Tötung geschaffene Einrichtung verbracht.«

Oder, wie Ignatz Bubis dazu sagt, Jüdinnen und Juden hatten keine Chance, der Vernichtung zu entkommen. Sie wurden vernichtet, weil sie Juden waren.

Zweitens: Wir, die Initiatoren des »Denkmals für die ermordetetn Juden Europas« wollen nicht »eine Schande« dokumentieren. Ein Verbrechen, ja. Aber eine Schande? Noch einmal: »Auschwitz« war keine Schande, »Auschwitz« war und bleibt ein Verbrechen. Ein Menschheitsverbrechen, eine Menschheitsverletzung. Was wir wollen und immer wollten, ist etwas ganz anderes: Wir wollen die Ermordeten ehren.

Ihnen ein sie ehrendes Denkmal in der Stadt errrichten, in der ihre Entwürdigung und Ermordung beschlossen worden war.

Wir wollen damit natürlich auch mahnen.

Was ist daran falsch? Und:

Was ist daran falsch, die zu ehren, die so erniedrigt, gedemütigt, gequält wurden? Es wäre ein nicht wieder gut zu machendes, bleibendes Versäumnis, wenn wir diese unsere historische Chance jetzt nicht ergreifen würden. Es ist wichtig für die Überlebenden und deren Nachkommen, es ist wichtig für uns und die Nachkommen der Täter, für unsere Zukunft und die unserer Kinder. Es ist wichtig für die Zukunft von Recht und Gesetz, von Menschenwürde. Das von uns geplante Denkmal ist nicht eine »Monumentalisierung der Schande«, sondern das Gegenteil. Wir müssen diesen Teil unserer Geschichtte in unserem Alltag leben. Es gibt Dinge, die lassen sich nicht mundtot machen. Schon gar nicht, indem man sie verdrängt. Ich weiß: Viele würden es zu gern vergessen. Aber das geht nicht. Denn es ist geschehen.

Es gibt Fragen:

Warum mitten in der alten und neuen Hauptstadt Deutschlands?

Weil es nicht vor die Tore der Stadt gehört, sondern es gehört mitten in unser Leben. Die Juden haben auch mitten unter uns gelebt, bevor sie ausgesondert wurden.

Warum ist Sachsenhausen beispielsweise kein »authentischer Ort«?

Weil die Juden nicht in Sachsenhausen ermordet wurden. Die Juden wurden auf polnischem Boden, in eigens dort errrichteten Vernichtungszentren ermordet. In Chelmno, Belzec, Sobibor, Treblinka, Majdanek, Auschwitz. Raul Hilberg nennt sie Vernichtungsstationen, nicht Lager. Denn mit Ausnahme von Majdanek und Auschwitz war hier menschlicher Aufenthalt nicht vorgesehen. Die Vernichtung war vorgesehen. Und das hieß: Ankommen um 8, vergast um 10, verbrannt um 11. Die Konzentrationslager auf deutschem Boden waren für die Inhaftierung politischer und anderer Gegner errichtet worden. In diesen Lagern sind insgesamt an die 100 000 Juden umgekommen. Aber diese Lager waren nicht für die Vernichtung der Juden bestimmt. Der Verweis auf die Konzentrationlager auf deutschem Boden ist, wenn es um die Vernichtung des europäischen Judentums geht, einfach falsch.

Warum das Denkmal ausschließlich für die Juden?

Zitat von Margherita von Brentano, eine unserer Mitbegründerinnen: »Sie (Die Nazis) machten die Juden zum exemplarischen Opfer schlechthin, zum Opfer der »Endlösung«. Der Antisemitismus war nicht nur EIN Element des Nationalsozialismus, sondern sein Zentrum. In und an den Juden sah er das Ganze, das Ganze der Schäden, des Übels, der Entstellung menschlichen Wesens und menschlicher Gesellschaft, die sein Bild von der Welt bestimmten.«

Warum »fußballfeldgroß«?

Dieser Vergleich mit einem Fußballfeld ist obszön. Walter Jens hat sich sogar soweit vorgewagt, das zur Verfügung gestellte Gelände mit dem nationalsozialistischen Wort »Reichssportfeld« zu belegen. Es war aber zu der Zeit, als er Vorsitzender im ersten Wettbewerbsverfahren war, genau so groß. Kommt jemand auf die Idee, die Größe von Yad Vashem nachzumessen und mit einem solchen Vokabular zu diffamieren? Und: Weshalb soll das Denkmal für 6 Millionen ermordeter Menschen im Land der Täter denn »klein«, gar »bescheiden« sein? Das Verbrechen war auch nicht klein, war auch nicht bescheiden. Das Denkmalsgelände ist nicht klein, das ist wahr, aber es ist auch nicht besonders groß. Es ist bestenfalls angemessen klein oder groß, je nach der eigenen Positionierung.

Es ist nicht zeitgemäß, Denkmäler zu errichten, sie stellen den Schlußstrich dar?

Auch das ist nicht richtig. James Young, der wohl beste Kenner aller Denkmäler über den Holocaust – der uns übrigens eindringlich den (zweiten) Entwurf von Peter Eisenman empfiehlt, er war auch Mitglied der sogenannten »Findungskommission« –, beweist mit den Abbildungen der Denkmäler in seinen Büchern das Gegenteil. Es kommt eben auf den Entwurf, auf das Denkmal an. Und wir wissen doch alle, wie eindrucksvoll zum Beispiel, das Denkmal in Washington für die im Vietnam-Krieg Gefallenen ist. Es trägt die Namen aller amerikanischen Soldaten. Bei meinem letzten Besuch in Washington habe ich erlebt, wie ein Vater den Namen seines Sohnes mit geschwärztem Papier von dem Denkmal abgepaust hat. Schlußstrich?

In Hannover habe ich gemeinsam mit Freunden neben dem Opernhaus, also mitten im Herzen der Stadt, ein Denkmal für die Deportierten errichtet. Es hat alle Namen und Daten der Ermordeten: 2000 Vornamen und 2000 Nachnamen, 2000 Lebens- bzw. Todesdaten und die Bestimmungsorte jeder Deportation. Das Denkmal wurde 1994 eingeweiht.

Übrigens gemeinsam mit dem damaligen Ministerpräsident von Niedersachsen Gerhard Schröder. Ich zitiere zwei kurze Passagen aus seiner Ansprache: »Es hat 50 Jahre gedauert, bis dieses Mahnmal errichtet werden konnte. Vielleicht hatten unserer Eltern nicht die Kraft dazu. Viele dieser Generation haben sich gewehrt gegen die Erinnerung. Sie haben uns gesagt: Irgendwann muß doch mal Schluß sein. Manche, die so argumentieren, wollten von persönlicher Schuld ablenken.Aber viele können die Erinnerung einfach nicht ertragen«.

Und weiter: »Wir können aus unserer Geschichte nicht fliehen. Weil auch die Opfer nicht fliehen können. Aufrecht werden wir nur gehen können, wenn wir uns unserer Geschichte stellen. Wenn wir sie hereinlassen in unser Leben. Und dafür sorgen, daß sie gegenwärtig bleibt in unserem Alltag... Und weil das so ist, kann es für dieses Mahnmal gar keinen besseren Platz geben als diesen, mitten im Herzen der Stadt. Dort, wo sie gelebt haben, unsere jüdischen Nachbarn, bevor man sie aus unserer Mitte herausgerissen hat...« »Natürlich wird es kaum ausbleiben, daß dieses Mahnmal von Dummköpfen beschmiert wird. Aber das ist die Realität unserer Gesellschaft. Auch wir müssen uns stellen. Entfliehen können wir ihr ohnehin nicht.«

Zitate aus der Rede von Gerhard Schröder, 1994. Übertragbar auf die Situation des in Berlin geplanten Denkmals.

Zum Thema »Schlußstrich« übrigens eine sehr bezeichnende Episode aus Hannover: Ich bin oft zu diesem Denkmal gegangen, um zu sehen, worüber die Menschen sprachen, die dort hingingen, und es waren viele, die dort hingingen. Eines Tages war dort ein Punker-Pärchen. Haare: gelb-grün-lila, Tätowieungen auf den Armen. Beide lesen. Die Namen, die Daten. Sie lesen und lesen. Dann sagt sie zu ihm: »Mein Gott, waren das viele.« Und ihr Freund antwortet nach einer Weile: »Ja und niemand in dieser Stadt hat sie beschützt.« Schlußstein? Das Gegenteil ist der Fall.

Nun hat Michael Naumann, der designierte Staatsminister für Kultur einen neuen Entwurf, gemeinsam mit Peter Eisenman zur Diskussion gestellt. Natürlich begrüßen wir, der Förderkreis zur Errichtung eines Denkmals für die ermordeten Juden Europas, daß aus einer anfänglichen totalen Ablehnung der Mahnmal-Idee und des Künstlers Eisenman Zustimmung geworden ist. Erst hieß es, das Mahnmal seines Entwurfs sei »chic«, es sei auch viel zu groß, deshalb sei es »speerhaft« - also wieder eine Parallele zur NS-Zeit, eine Erinnerung an die Größe Speerscher Bauten, besonders sensibel in diesem Zusammenhang-, schließlich sollte anstelle des Mahnmals ein Museum errichtet werden. Nun also ein stark verkleinertes Mahnmal, dafür ein um so größeres Haus, ein Mehrzweckbau, ein »Kombi-Bau«, wie es in der Presse heißt.

Weshalb lehnen wir das ab?

Wir haben immer ein Denkmal für die ermordeten Juden Europas gewollt. Der neue, nunmehr dritte Entwurf von Peter Eisenman, der erste war gemeinsam mit Richard Serra erarbeitet worden, verkleinert nicht nur das Denkmal um mehr als die Hälfte (an Stelle der ursprünglich 4000 Stelen nunmehr 1400), es besetzt auch den dafür vorgesehenen Platz mit einem 20 (zwanzig) Meter hohen Gebäude und Nebengebäuden, die das Denkmal zu einem Anhängsel degradieren.

So heißt es auch in Naumanns Papier sehr richtig: »Haus der Erinnerung«, UND, (Zeile darunter), Mahnmal für die Juden.

Wir meinen, daß die übrigen Einrichtungen in Berlin, die Topografie des Terrors, die Wannsee-Villa, das Jüdische Museum, das Institut für Antisemitismusforschung alle Aufgaben, die diesen neuen Gebäuden zugedacht sind, wahrnehmen. Die veranschlagten 180 Millionen Bausumme können getrost diesen Instituten und Gedenkstätten zufließen, die können es gut gebrauchen. Im Übrigen sollen in den unter dem Denkmalsgelände befindlichen Gebäudeausläufern Ausstellungen stattfinden, die z.B. vom Holocaust-Museum in Washington und aus Yad Vashem in Israel kommen sollen. Sollen diese jüdischen Einrichtungen unsere Geschichte entsorgen? Das Leo Baeck-Institut aus New York, das hier angeblich mit Hunderttausenden von Büchern und Akten einziehen soll, will in Deutschland eine Dependance einrichten. Nicht mehr, nicht weniger. Und besitzt »nur« an die 50 000 Bücher und will, wie man hört, diese nicht geschlossen, sondern höchstens zu 10 Prozent nach Berlin geben. Wenn überhaupt. Im Übrigen gibt es zum Thema »Holocaust« gar nicht eine Million Bücher. Aber dafür ist die Bücherwand – 20 Meter hoch, 115 Meter lang – nun einmal ausgelegt. Also wofür dann?

Und noch ein Einwand: Raum soll für »alle Opfergruppen«,

so wurde nach der Präsentation in Bonn diskutiert, in den Untergeschossen geschaffen werden. Noch einmal also eine Relativierung des Denkmals für die Juden. Wir haben uns immer dafür eingesetzt, daß für die anderen Opfergruppen eigene Gedenkstätten und/oder Denkmäler errichtet werden. Wir haben uns immer dagegen erklärt, alle Opfergruppen unter der Überschrift »Den Opfern« zusammenzufassen. Dazu noch einmal Eberhard Jäckel:

»Erstens muß jedes Denkmal, wenn es einen Anstoß zum erinnernden Denken geben soll, hinreichend spezifisch und differenziert sein... Zweitens schließt ein Denkmal selbstverständlich andere Denkmäler nicht aus... Drittens: Wer daran (an den Mord an den Juden) erinnert, der leugnet doch nicht, daß die Nazis zahlreiche andere Verbrechen verübten. Er sagt nur, daß dies die Hauptsache war und zugleich der Höhepunkt des jahrtausendealten Judenhasses. Dahin hatte es geführt, daß dieses Volk so lange verteufelt worden war. Wenn eine uralte Tradition so zu Ende gebracht wird, daß mehr als ein Drittel der gesamten jüdischen Weltbevölkerung ermordet wurde, und zwar von Deutschen, dann wird man dafür in ihrem Lande ein besonderes Denkmal errichten dürfen. Niemand wird deswegen die Opfer sortieren wollen. Aber niemand sollte diesen Vorgang auch einebnen dürfen.«

Wer also das von uns seit mehr als 10 Jahren geforderte und begründete Denkmal für die ermordeten Juden Europas derart relativiert, hat entweder nicht die Idee verstanden, weshalb in Deutschland ein Denkmal für die europäischen Juden errichtet werden muß, oder er will das Denkmal durch dieses Riesengebäude umarmend erwürgen. In der Tat trifft nun einmal der jahrelang gegen uns gebrauchte Vorwurf der Monumentalität zu, um nicht das Wort »Gigantismus« zu zitieren.

Ich möchte zum Schluß aus dem Brief einer jungen Frau an

Michael Naumann zitieren. Er ist mir als Kopie zugesandt worden. Die Jugend versteht uns offenbar besser. Genauso wie der sogenannte »kleine Mann« oder die »kleine Frau auf der Straße«. Wir haben monatelang Geld und Unterschriften auf der Straße für das Denkmal gesammelt. Junge Leute kamen immer wieder und sagten: »nun macht doch mal endlich«... Es haben sich auch bei einer Umfrage 47 Prozent aller Befragten für und 46 gegen das Denkmal ausgesprochen. Immerhin:

»Ihre Befürchtung, ein Mahnmal könnte als 'Schlußstrich' mißdeutet werden, teile ich nicht. Ich meine dagegen, daß ein Mahnmal die Erinnerung wachhalten wird, daß das Vergangene uns auch auf dem Weg in die Zukunft begleiten soll. Die entscheidende Frage ist, ob wir das wollen oder nicht... Ich finde, daß ein Mahnmal, und zwar nicht in musealer oder didaktischer Form, eine würdige Geste des Erinnerns wäre. Wo sonst, wenn nicht im Zentrum der Macht, sollen wir der jüdischen Menschen gedenken, die wir aus unserer Mitte gerissen und getötet haben? Ein Ort der Ruhe, des Schweigens tut not, kein Gerede, keine Bilder, keine flimmernden Monitore... Hier, an diesem Mahnmal sollen die Herzen sprechen.«

Bitte beachten Sie die folgenden Seiten

Georg Fülberth
Berlin-Bonn-Berlin
Deutsche Geschichte seit 1945

Gebunden, 315 S.,
DM 36,-; SFR 33,-; ÖS 267,-
ISBN 3-89438-168-X

Johannes Klotz (Hg.)
Schlimmer als die Nazis?
Das „Schwarzbuch des Kommunismus“, der Geschichtsrevisionismus und die neue Totalitarismusdebatte

Broschur, 207 S.,
DM 26,- ; SFR 24,-; ÖS 193,-
ISBN 3-89438-169-8

M. Klaus
Mädchen im 3. Reich
Der Bund Deutscher Mädel
DM 29,80; SFR 27,50; ÖS 221,-
234 S.; ISBN 3-89438-152-3

J. Klotz (Hg.)
Vorbild Wehrmacht?
Wehrmachtsverbrechen, Rechtsextremismus und Bundeswehr
DM 24,80; SFR 23,-; ÖS 184,-
177 S; ISBN 3-89438-162-0

K. Pätzod/M. Weißbecker
Geschichte der NSDAP
1920-1945
DM 68,-; SFR 62,-; ÖS 503,-
580 S. ; ISBN 3-89438-134-5

PapyRossa Verlag
Petersbergstr.4 - 50939 Köln
Tel. 0221/44 85 45 - Fax 44 43 05
www.papyrossa.de

einsprüche

Jürgen Roth

Kultur? Betrieb!

Essays und Polemiken
zu Literatur und Geistesleben

1999 – ca. 150 S. – ca. DM 29,80 – ÖS 218 – SFR 27,50

ISBN 3-89691-599-1

KULTUR? BETRIEB! Berichtet vom „Scheiß der Zeit“ (Eckhard Henscheid) und versammelt Aufsätze, Glossen, Polemiken und Marginalien zu einigen der verheerendsten Schwallköpfe und lautesten Knalltüten des bundesdeutschen Kulturmilieus, unter ihnen Franz Xaver Kroetz, Konrad Weiß, Botho Strauß, Martin Walser, Peter Sloterdijk, Norbert Bolz und Fritz J. Raddatz. Neben teils knappen, teils weiter gefaßten Invektiven gegen die hauptamtlichen Betriebsnudeln aus Literatur, Fernsehen, Presse, und Musik stehen Essays über Museumsindustrie, die Frage nach "Kunst nach Auschwitz?" oder den aktuellen Stand der Literaturkritik.

Wo aber gelobt sein muß, wird auch gelobt: ein Dichter wie Jörg Fauser nämlich oder ein Zeichner wie F.W. Bernstein.

Weitere Bände in der Reihe:

Band 8
Helga Cremer-Schäfer/
Heinz Steinert
Straflust und Repression
Zur Kritik der populistischen Kriminologie
1998 - 286 S. - DM 39,80
ÖS 291 - SFR 37,00
ISBN 3-89691-431-6

Band 7
Rainer Rotermundt
Plädoyer für eine Erneuerung der Geschichtsphilosophie
1997 - 130 S. - DM 29,80
ÖS 218 - SFR 27,50
ISBN 3-89691-419-7

WESTFÄLISCHES
DAMPFBOOT
Dorotheenstr. 26a · 48145 Münster
Tel. 0251/6086080 · Fax 0251/6086020
e-mail: dampfboot@login1.com